KB043672

MP3 다운로드 방법

MP3 사용법

▶ **mp3 다운로드**
www.lancom.co.kr에 접속하여 **mp3**파일을 무료로 다운로드합니다.

▶ **우리말과 중국인의 1 : 1 녹음**
책 없이도 공부할 수 있도록 중국인 남녀가 자연스런 속도로 번갈아가며 중국어 문장을 녹음하였습니다. 우리말 한 문장마다 중국인 남녀 성우가 각각 1번씩 읽어주기 때문에 보다 더 정확한 발음을 익힐 수 있습니다.

▶ **mp3 반복 청취**
교재를 공부한 후에 녹음을 반복해서 청취하셔도 좋고, 중국인의 녹음을 먼저 듣고 잘 이해할 수 없는 부분은 교재로 확인해보는 방법으로 공부하셔도 좋습니다. 어떤 방법이든 자신에게 잘 맞는다고 생각되는 방법으로 꼼꼼하게 공부하십시오. 보다 자신 있게 중국어를 할 수 있게 될 것입니다.

▶ **정확한 발음 익히기**
발음을 공부할 때는 반드시 함께 제공되는 mp3 파일을 이용하시기 바랍니다. 언어를 배울 때 듣는 것이 중요하다는 것은 두말할 필요가 없습니다. 오랫동안 자주 반복해서 듣는 연습을 하다보면 어느 순간 갑자기 말문이 열리게 되는 것을 경험할 수 있을 것입니다. 의사소통을 잘 하기 위해서는 말을 잘하는 것도 중요하지만 상대가 말하는 것을 정확하게 듣는 것이 더 중요하다고 합니다. 활용도가 높은 기본적인 표현을 가능한 한 많이 암기할 것과, 동시에 중국인이 읽어주는 문장을 지속적으로 꾸준히 듣는 연습을 병행하시기를 권해드립니다. 듣는 연습을 할 때는 실제로 소리를 내어 따라서 말해보는 것이 더욱 효과적입니다.

포켓북
왕초보 중국어회화

포켓북
왕초보 중국어회화

2018년 11월 05일 초판 1쇄 인쇄
2023년 01월 25일 초판 9쇄 발행

지은이 송미경
발행인 손건
편집기획 김상배, 장수경
마케팅 이언영
디자인 이성세
제작 최승용
인쇄 선경프린테크

발행처 *LanCom* 랭컴
주소 서울시 영등포구 영신로34길 19
등록번호 제 312-2006-00060호
전화 02) 2636-0895
팩스 02) 2636-0896
이메일 elancom@naver.com

ⓒ 랭컴 2018
ISBN 979-11-89204-18-1 13720

내손에
펼쳐진
포켓북

왕초보
중국어
회화

송미경 지음

LanCom
Language & Communication

중국어는 이제 일본어와 대등하게 우리나라에서 제2외국어로 확실한 자리매김을 하고 있습니다. 최근에는 인터넷상에서 정보나 지식을 공유하기 위한 의사소통의 수단으로서 중국어의 중요성이 더욱 부각되고 있습니다. 이제까지 회화라고 하면 그저 많이 듣고 많이 따라 말하면 되는 줄 알았지만 이제 시간만 낭비하는 헛된 노력은 그만! 읽기 듣기 말하기 쓰기 4단계 중국어 공부법은 가장 효과적이라고 알려진 비법 중의 비법입니다.

이 책은 휴대가 간편한 포켓북으로 제작되어 시간과 장소에 구애받지 않고 언제 어디서든 읽기 듣기 말하기 쓰기 4단계 학습법으로 중국어 회화를 공부할 수 있습니다.

읽기

왕초보라도 문제없이 읽을 수 있도록 중국인 발음과 최대한 비슷하게 우리말로 발음을 달아 놓았습니다. 우리말 해석과 중국어 표현을 눈으로 확인하며 읽어보세요.

- 같은 상황에서 쓸 수 있는 6개의 표현을 확인한다.
- 우리말 해석을 보면서 중국어 표현을 소리 내어 읽는다.

듣기

책 없이도 공부할 수 있도록 우리말 해석과 중국어 문장이 함께 녹음되어 있습니다. 출퇴근 길, 이동하는 도중, 기다리는 시간 등, 아까운 자투리 시간을 100% 활용해 보세요. 듣기만 해도 공부가 됩니다.

- 우리말 해석과 중국인 발음을 서로 연관시키면서 듣는다.
- 중국인 발음이 들릴 때까지 반복해서 듣는다.

쓰기

중국어 공부의 완성은 쓰기! 손으로 쓰면 우리의 두뇌가 훨씬 더 확실하게, 오래 기억한다고 합니다. 별도의 쓰기노트를 준비하여 적어도 3번 정도 또박또박 쓰면서 공부하다 보면 생각보다 중국어 문장이 쉽게 외워진다는 사실에 깜짝 놀라실 거예요.

- 먼저 기본 문장을 천천히 읽으면서 따라쓴다.
- 중국인의 발음을 들으면서 써본다.
- 표현을 최대한 머릿속에 떠올리면서 쓴다.

말하기

듣기만 해서는 절대로 입이 열리지 않습니다. 중국인 발음을 따라 말해보세요. 계속 듣고 말하다 보면 저절로 발음이 자연스러워집니다.

- 중국인 발음을 들으면서 최대한 비슷하게 따라 읽는다.
- 우리말 해석을 듣고 mp3를 멈춘 다음, 중국어 문장을 떠올려 본다.
- 다시 녹음을 들으면서 맞는지 확인한다.

대화 연습

문장을 아는 것만으로는 충분하지 않습니다. 대화를 통해 문장의 쓰임새와 뉘앙스를 아는 것이 무엇보다 중요하기 때문에 6개의 표현마다 Mini Talk를 하나씩 두었으며, Check Point!를 통해 회화의 감각을 익히도록 하세요.

- 대화문을 읽고 내용을 확인한다.
- 대화문 녹음을 듣는다.
- 들릴 때까지 반복해서 듣는다.

PART

01

인사
감정
의사 表現

01 인사할 때 21

02 근황을 물을 때 23

03 처음 만났을 때 25

04 소개할 때 27

05 오랜만에 만났을 때 29

06 우연히 만났을 때 31

07 헤어질 때 33

08 떠나보낼 때 35

09 고마울 때 37

10 미안할 때 39

11 축하할 때 41

12 환영할 때 43

13 행운을 빌 때 45

14 기쁘거나 즐거울 때 47

15 화날 때 49

16 슬프거나 외로울 때 51

17 놀랍거나 무서울 때 53

18 후회하거나 실망할 때 55

19 감탄하거나 칭찬할 때 57

20 좋아하거나 싫어할 때 59

21 맞장구칠 때 61

22 되물을 때 63

23 부탁할 때 65

24 의견을 묻고 대답할 때 67

25 동의를 구하고 답할 때 69

PART
02

01 시간에 대해 말할 때 75

02 날짜와 요일에 대해 말할 때 77

03 날씨와 계절에 대해 말할 때 79

04 개인 신상에 대해 말할 때 81

05 학교에 대해 말할 때 83

06 학교생활에 대해 말할 때 85

07 직장에 대해 말할 때 87

08 직장생활에 대해 말할 때 89

09 우정과 사랑에 대해 말할 때 91

10 결혼에 대해 말할 때 93

11 가족에 대해 말할 때 95

12 취미와 여가에 대해 말할 때 97

13 오락에 대해 말할 때 99

14 책과 신문잡지에 대해 말할 때 101

15 음악과 그림에 대해 말할 때 103

16 텔레비전과 영화에 대해 말할 때 105

17 식욕과 맛에 대해 말할 때 107

18 건강에 대해 말할 때 109

19 스포츠와 레저에 대해 말할 때 111

20 외모에 대해 말할 때 113

21 패션에 대해 말할 때 115

22 성격에 대해 말할 때 117

23 태도에 대해 말할 때 119

24 음주와 흡연에 대해 말할 때 121

25 중국 생활에 대해 말할 때 123

화제
취미
여가 표현

PART

03

일 상 생 활
여 행 表 현

01 길을 물을 때 129

02 길을 잃었을 때 131

03 택시를 탈 때 133

04 버스를 탈 때 135

05 지하철을 탈 때 137

06 열차를 탈 때 139

07 비행기를 탈 때 141

08 자동차를 운전할 때 143

09 숙박할 때 145

10 식당에서 147

11 술을 마실 때 149

12 관광안내소에서 151

13 관광지에서 153

14 관람할 때 155

15 사진촬영을 부탁할 때 157

16 가게를 찾을 때 159

17 쇼핑센터에서 161

18 물건을 찾을 때 163

19 물건을 고를 때 165

20 물건 값을 계산할 때 167

21 은행에서 169

22 우체국에서 171

23 이발소에서 173

24 미용실에서 175

25 세탁소에서 177

PART 04

01 전화를 걸 때 183

02 전화를 받을 때 185

03 약속을 청할 때 187

04 약속 제의에 응답할 때 189

05 약속하고 만날 때 191

06 초대할 때 193

07 초대에 응답할 때 195

08 방문할 때 197

09 방문객을 맞이할 때 199

10 방문객을 대접할 때 201

11 방문을 마칠 때 203

12 난처할 때 205

13 말이 통하지 않을 때 207

14 위급한 상황일 때 209

15 도움을 청할 때 211

16 물건을 분실했을 때 213

17 도난당했을 때 215

18 교통사고가 났을 때 217

19 병원에서 219

20 증상을 물을 때 221

21 증상을 말할 때 223

22 검진을 받을 때 225

23 입원 또는 퇴원할 때 227

24 병문안할 때 229

25 약국에서 231

전화
사교
긴급 표현

부록 회화를 위한
기본단어 235

◀) 성조(声调)

중국어 성조에는 1성, 2성, 3성, 4성이 있으며 각각의 성조는 발음을 구성하는 매우 중요한 요소이므로 반드시 기억해야 합니다. 4성의 발음 요령은 다음과 같습니다.

성조의 발음 요령

제 1성 1성은 높고 평평하게 끝까지 힘을 빼지 말고 '솔'의 음높이를 유지합니다.

제 2성 2성은 '미'의 음높이에서 '솔'로 단숨에 끌어올리며 뒤쪽에 힘을 넣습니다.

제 3성 3성은 '레'의 음높이에서 '도'로 낮게 누른 후 가볍게 끝을 상승시킵니다.

제 4성 4성은 '솔'의 음높이에서 포물선을 그리듯 빠르게 '도'까지 떨어뜨립니다.

성조의 발음 연습

다음의 성조표를 오선지라고 생각하고 성조를 연습해봅시다.

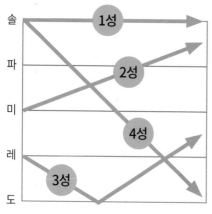

제 1성 : **妈** mā 엄마

제 2성 : **麻** má 삼베

제 3성 : **马** mǎ 말

제 4성 : **骂** mà 혼내다, 욕하다

◀)) 성모(声母)

성모는 우리말의 자음에 해당하는 부분으로 모두 21개로 이루어져 있습니다.

1. 쌍순음

b(o)	p(o)	m(o)	f(o)
[뽀어]	[포어]	[모어]	[포어]

2. 설첨음

d(e)	t(e)	n(e)	l(e)
[뜨어]	[트어]	[느어]	[르어]

3. 설근음

g(e)	k(e)	h(e)
[끄어]	[크어]	[흐어]

4. 설면음

j(i)	q(i)	x(i)
[지]	[치]	[시]

5. 권설음

zh(i)	ch(i)	sh(i)	r(i)
[즈]	[츠]	[스]	[르]

6. 설치음

z(i)	c(i)	s(i)
[쯔]	[츠]	[쓰]

◀» 운모(韻母)

- 중국어 병음에서 운모는 우리말의 모음에 해당됩니다.
- 총 36개의 운모가 있으며, 발음 부위와 방법에 따라 단운모, 복운모, 비운모, 권설운모, 결합운모로 구분됩니다.

1. 단운모(単韻母)

a [아]   o [오어]   e [으어]   i [이]   u [우]   ü [위]

2. 복운모(复韻母)

ai [아이]   ei [에이]   ao [아오]   ou [어우]

3. 비운모(鼻韻母)

an [안]   en [으언]   ang [앙]   eng [으엉]   ong [옹]

4. 권설운모(卷舌韻母)

er [얼]

5. 결합운모(结合韵母)

① i [yi] 결합운모

ia (ya) [이아]	**iao** (yao) [이아오]	**ie** (ye) [이에]	**iou** (you)(-iu) [이어우]	**ian** (yan) [이엔]
in (yin) [인]	**iang** (yang) [이앙]	**ing** (ying) [잉]	**iong** (yong) [이용]	

② u [wu] 결합운모

ua (wa) [우아]	**uo** (wo) [우어]	**uai** (wai)(-ui) [우아이]	**uei** (wei) [우에이]	**uan** (wan) [우안]
uen (wen)(-un) [우언]	**uang** (wang) [우앙]	**ueng** (weng) [우엉]		

③ ü [yu] 결합운모

üe (yue) [위에]	**üan** (yuan) [위엔]	**ün** (yun) [윈]

인사·감정·의사 표현

Expression

학습일 /

>> 녹음을 듣고 소리내어 읽어보세요?

Mini Talk

A: **你好, 最近怎么样?**

Nǐ hǎo, zuìjìn zěnmeyàng
니 하오, 쭈에이진 전머양

안녕하세요, 요즘 어떠세요?

B: **很好, 你呢?**

Hěn hǎo, nǐ ne
흐언 하오, 니 너

잘 지내요, 당신은요?

Check Point!

사람을 만났을 때 가장 많이 쓰이는 일상적인 인사는 你好(Nǐhǎo)!입니다. 우리말의 '안녕하세요?'에 해당하는 인사로서 시간이나 장소 또는 연령에도 구애받지 않고 무난히 쓸 수 있습니다. 상대방을 높여서 인사할 때는 您好(Nínhǎo)! 라고 합니다. 또한 아침에 만났을 때는 早安(Zǎoān)!, 저녁때 만났을 때는 晚安(Wǎn'ān)!으로 인사를 나눕니다.

21

안녕하세요.

你好! / 您好!

Nǐ hǎo / Nín hǎo
니 하오 / 닌 하오

안녕하세요?

你好吗?

Nǐ hǎo ma
니 하오 마

안녕하세요. (아침인사)

你早! / 早安! / 早上好!

Nǐ zǎo / Zǎo'ān / Zǎoshang hǎo
니 자오 / 자오안 / 자오샹 하오

안녕하세요. (저녁인사)

晚上好!

Wǎnshang hǎo
완샹 하오

안녕히 주무세요.

晚安!

Wǎn'ān
완안

여러분, 안녕하세요.

大家好!

Dàjiā hǎo
따지아 하오

▶ 01 대화 다시듣기   □ □ □

A: 안녕하세요, 요즘 어떠세요?

B: 잘 지내요, 당신은요?

근황을 물을 때

>> 녹음을 듣고 소리내어 읽어보세요?

Mini Talk

A: 身体好了吗?

Shēntǐ hǎo le ma

션티 하오 러 마

건강은 좋아지셨어요?

B: 没事了。

Méishì le

메이스 러

괜찮습니다.

Check Point!

상대가 잘 지내는지 안부를 물어보려면 最近怎么样(Zuìjìn zěnmeyàng)? 또는
最近过得怎么样(Zuìjìn guò de zěnmeyàng)?과 같이 말합니다. 得(de)는 동사
나 형용사 뒤에서 정도를 나타내는 정도보어를 연결해줍니다. 즉 '지내는 정도가
어떤가요?'라고 묻는 말입니다. 그밖에도 일이나 건강 등을 묻기도 하고 가족의
안부를 물어보기도 합니다.

요즘 어떻게 지내세요?

最近怎么样?

Zuìjìn zěnmeyàng

쭈에이진 전머양

잘 지내세요?

还好吗?

Hái hǎo ma

하이 하오 마

덕분에 잘 지내고 있습니다, 당신은요?

托您的福很好, 你呢?

Tuō nín de fú hěnhǎo, nǐ ne

투어 닌 더 푸 흐언하오, 니 너

건강은 좋아지셨어요?

身体好了吗?

Shēntǐ hǎo le ma

션티 하오 러 마

일은 바쁘세요?

工作忙吗?

Gōngzuò máng ma

꽁쭈어 망 마

별 일 없으시지요?

没什么事吧?

Méi shénme shì ba

메이 션머 스 바

▶ 02 대화 다시듣기

A: 건강은 좋아지셨어요?

B: 괜찮습니다.

☐ ☐ ☐

Unit 03 처음 만났을 때

>> 녹음을 듣고 소리내어 읽어보세요?

Mini Talk

A: 我先自我介绍一下。

Wǒ xiān zìwǒjièshào yíxià

워 시엔 쯔워지에샤오 이시아

제 소개를 먼저 하겠습니다.

B: 好。

Hǎo

하오

좋아요.

Check Point!

우리와는 약간 다르게 처음 사람을 만났을 때 중국인은 고개 숙여 인사하기보다 악수를 건네는 편입니다. 만약 중국인이 你好(Nǐhǎo)!라고 손을 내밀면 주저하지 말고 손을 건네는 것이 좋습니다. 상대의 이름을 물을 때는 您贵姓(Nín guì xìng)?이라고 하며, 이에 대한 응답으로 자신의 이름을 말할 때는 我姓(Wǒ xìng) ○○라고 하면 됩니다.

처음 뵙겠습니다.

初次见面。

Chūcì jiànmiàn

추츠 지엔미엔

뵙게 되어 반갑습니다.

认识你很高兴。

Rènshi nǐ hěn gāoxìng

런스 니 흐언 까오싱

말씀 많이 들었습니다.

久仰久仰。

Jiǔyǎng jiǔyǎng

지우양 지우양

만나서 반갑습니다.

见到你很高兴。

Jiàndào nǐ hěn gāoxìng

지엔따오 니 흐언 까오싱

이름이 어떻게 됩니까?

您贵姓?

Nín guì xìng

닌 꾸에이 싱

성은 김이고, 이름은 희선입니다.

我姓金，叫喜善。

Wǒ xìng Jīn, jiào Xīshàn

워 싱 진, 지아오 시샨

▶ 03 대화 다시듣기

A: 제 소개를 먼저 하겠습니다.

B: 좋아요.

26

Unit 04 소개할 때

>> 녹음을 듣고 소리내어 읽어보세요?

Mini Talk

A: 久闻大名，见到你很高兴。

Jiǔwéndàmíng, jiàn dao nǐ hěn gāoxìng

지우원따밍, 지엔 다오 니 흐언 까오싱

존함을 오래 전부터 들었습니다. 만나서 반갑습니다.

B: 认识你我也很高兴。

Rènshi nǐ wǒ yě hěn gāoxìng

런스 니 워 이에 흐언 까오싱

저도 뵙게 되어 기쁩니다.

Check Point!

다른 사람을 상대에게 자신이 소개할 때는 먼저 我来介绍一下(Wǒ lái jièshào yíxià) 라고 합니다. 물론 사람 이외에 다른 대상이나 상황을 소개할 때도 이렇게 말할 수 있습니다. 사람을 소개할 때는 这是~(이쪽은 ~입니다) 또는 这位是~(이분은 ~이십니다)로 시작하는데 사람을 세는 양사를 선별적으로 사용해서 높임의 뜻을 나타내줍니다.

두 분이 서로 인사 나누셨습니까?

你们俩打过招呼了?

Nǐmen liǎ dǎguòzhāohū le

니먼 리아 다꾸어짜오후 러

제가 두 분을 소개하겠습니다.

我来介绍这两位。

Wǒ lái jièshào zhè liǎng wèi

워 라이 지에샤오 쩌 리앙 웨이

서로 인사하시지요.

你们互相认识一下吧。

Nǐmen hùxiāng rènshi yíxià ba

니먼 후시앙 런스 이시아 바

전에 한번 뵌 적이 있는 것 같습니다.

我们好像见过一面。

Wǒmen hǎoxiàng jiànguò yímiàn

워먼 하오시앙 지엔꾸어 이미엔

존함은 익히 들었습니다.

您的大名早有所闻。

Nín de dàmíng zǎo yǒu suǒwén

닌 더 따밍 자오 여우 쑤어원

예전부터 뵙고 싶었습니다.

我早就想见见你。

Wǒ zǎojiù xiǎng jiànjiàn nǐ

워 자오지우 시앙 지엔지엔 니

▶ **04** 대화 다시듣기

A: 존함을 오래 전부터 들었습니다. 만나서 반갑습니다. ☐ ☐ ☐

B: 저도 뵙게 되어 기쁩니다.

Unit 05 오랜만에 만났을 때

>> 녹음을 듣고 소리내어 읽어보세요?

Mini Talk

A: **好久没见了。**

Hǎojiǔ méi jiànle

하오지우 메이 지엔러

오랜만이네요.

B: **是啊, 你还好吗?**

Shì a, nǐ háihǎo ma

스 아, 니 하이하오 마

네, 잘 지냈어요?

TiP

Check Point!

오랜만에 아는 사람을 만났을 때 보통 好久不见了(Hǎojiǔbújiàn le)라고 합니다. 이어서 그 동안의 건강을 물을 때는 您身体好吗(Nín shēntǐ hǎo ma)?라고 하며 이때 好는 '건강'의 의미로 사용됩니다. 다른 사람의 안부를 물을 때는 你爱人好吗(Nǐ àirén hǎo ma 부인은 안녕하시져요)?처럼 안부를 묻는 대상 다음에 好吗?를 붙여주면 됩니다.

29

오랜만입니다.

好久不见了。

Hǎo jiǔ bú jiàn le
하오 지우 부 지엔 러

오랜만이군요. 어떻게 지내세요?

好久不见，过得怎么样?

Hǎo jiǔ bú jiàn, guò de zěnmeyàng
하오 지우 부 지엔, 꾸어 더 전머양

안녕하세요. 다시 만나서 반갑습니다.

你好! 很高兴再次见到你。

Nǐ hǎo! Hěn gāoxìng zàicì jiàndào nǐ
니 하오! 흐언 까오씽 짜이츠 지엔따오 니

몇 년 만이죠?

有几年没见了?

Yǒu jǐnián méi jiàn le
여우 지니엔 메이 지엔 러

여전하시군요.

你一点儿都没变啊。

Nǐ yìdiǎnr dōu méi biàn a
니 이디알 떠우 메이 삐엔 아

가족 모두 안녕하시지요?

你家里人都好吗?

Nǐ jiāli rén dōu hǎo ma
니 지아리 런 떠우 하오 마

▶ 05 대화 다시듣기

A: 오랜만이네요.

B: 네, 잘 지냈어요?

□ □ □

30

Unit 06 우연히 만났을 때

>> 녹음을 듣고 소리내어 읽어보세요?

Mini Talk

A: **哟, 这是谁呀!**

Yō, zhè shì shuí ya

요, 쩌 스 수에이 야

아니, 이게 누구에요!

B: **呀! 是刘梅吧? 你怎么到这儿来了?**

Yā! shì Liúméi ba? Nǐ zěnme dào zhèr lai le

야! 스 리우메이 바? 니 전머 따오 쩔 라이 러

어! 리우메이 맞죠?

어떻게 여기에 왔어요?

Check Point!

상대에게 '당신을 만나서 반갑습니다'라고 인사할 때 很高兴见到你(Hěn gāoxìng jiàn dào nǐ)라고 합니다. 계획하지 않았는데 우연히 만나게 됐을 때는 碰到(pèng dào) 혹은 遇到(yù dào)라고 합니다. 생각지도 못하게 사람을 만나 반갑게 인사할 때 真没想到在这儿遇到你(Zhēn méi xiǎng dào zài zhèr yù dào nǐ)라고 합니다.

31

만나서 반가워요.

很高兴见到你。

Hěn gāoxìng jiàndào nǐ
흐언 까오싱 지엔따오 니

아니 이게 누구예요!

哟，这是谁呀!

Yō, zhè shì shuí a
요, 쩌 스 수에이 아

세상 정말 좁군요.

这世界真是太小了。

Zhè shìjiè zhēnshì tài xiǎo le
쩌 쓰지에 쩐스 타이 시아오 러

여기서 만나다니 뜻밖이군요.

在这里碰到你，真是没想到。

Zài zhèli pèngdào nǐ, zhēnshì méixiǎngdào
짜이 쩌리 펑따오 니, 쩐스 메이시앙따오

다시 뵐 거라고는 정말 생각도 못했어요.

真没想到能再见面!

Zhēn méixiǎngdào néng zài jiànmiàn
쩐 메이시앙따오 넝 짜이 지엔미엔

그렇지 않아도 뵙고 싶었었는데.

我正好想找你呢。

Wǒ zhènghǎo xiǎng zhǎo nǐ ne
워 쩡하오 시앙 자오 니 너

▶ 06 대화 다시듣기

A: 아니, 이게 누구예요!

B: 어! 리우메이 맞죠? 어떻게 여기에 왔어요?

□ □ □

Unit 07 헤어질 때

>> 녹음을 듣고 소리내어 읽어보세요?

Mini Talk

A: 很高兴今天认识你。

Hěn gāoxìng jīntiān rènshi nǐ

흐언 까오싱 찐티엔 런스 니

오늘 만나서 반가웠습니다.

B: 认识你我也很高兴。再见。

Rènshi nǐ wǒ yě hěn gāoxìng. zàijiàn

런스 니 워 예 흐언 까오싱. 짜이지엔

뵙게 되어 저도 기쁩니다.

안녕히 가세요.

Check Point!

헤어질 때 가장 흔하게 쓰이는 인사말로는 再见(Zàijiàn)!이 있습니다. 매일 만나는 사람과 헤어질 때는 明天见(Míngtiān jiàn)!, 回头见(Huítóu jiàn)!처럼 다시 만날 시간 뒤에 '만나다'라는 뜻의 동사 见을 붙입니다. 젊은 사람들은 拜拜(bàibai)라고 인사하기도 합니다. 집에 찾아왔던 손님을 전송할 때는 보통 慢走(Mànzǒu)!라고 합니다.

안녕히 계세요(가세요).

再见!
Zàijiàn
짜이지엔

내일 봐요.

明天见。
Míngtiān jiàn
밍티엔 지엔

이따 봐요!

回头见!
Huítóu jiàn
후에이터우 지엔

그럼, 다음에 뵙겠습니다.

那么，下回见。
Nàme, xiàhuí jiàn
나머, 시아후에이 지엔

나중에 또 만납시다!

后会有期!
Hòu huì yǒuqī
허우 후에이 여우치

잘 지내요!

保重!
Bǎozhòng
바오쭝

▶ **07 대화 다시듣기**

A: 오늘 만나서 반가웠습니다.

B: 뵙게 되어 저도 기쁩니다. 안녕히 가세요.

□ □ □

>> 녹음을 듣고 소리내어 읽어보세요?

Mini Talk

A: 我真的要走了。

Wǒ zhēnde yào zǒu le

워 쩐더 야오 저우 러

정말 가야겠어요.

B: 好，祝你一路平安!

Hǎo, zhù nǐ yílùpíng'ān

하오, 쭈 니 이루핑안

네, 편안한 여행되시길
바랄게요.

Check Point!

떠나는 사람을 전송하는 것을 送(sòng)이라고 합니다. 전송 나온 사람에게 고마움을 전할 때 谢谢你来送我(Xièxie nǐ lái sòng wǒ 전송해주셔서 고맙습니다)라고 합니다. 반면 방문했던 손님을 전송할 때는 慢走(Mànzǒu 살펴가세요)라고 많이 합니다. 路上小心点儿(Lù shàng xiǎoxīn diǎnr)이라고 하면 '조심해서 가세요' 정도의 의미가 됩니다.

35

조심해서 가세요.

慢走。

Mànzǒu

만저우

몸조심하세요.

请多多保重身体。

Qǐng duōduō bǎozhòng shēntǐ

칭 뚜어뚜어 바오쫑 션티

멀리 안 나갈게요.

我不送你了。

Wǒ bú sòng nǐ le

워 부 쏭 니 러

역까지 바래다 드릴게요.

我送你到车站吧。

Wǒ sòng nǐ dào chēzhàn ba

워 쏭 니 따오 처잔 바

성공을 빌겠습니다.

祝你成功。

Zhù nǐ chénggōng

쭈 니 청꽁

즐거운 여행이 되세요.

祝你旅游愉快!

Zhù nǐ lǚyóu yúkuài

쭈 니 뤼여우 위쿠아이

▶ 08 대화 다시듣기

A: 정말 가야겠어요.

B: 네, 편안한 여행되시길 바랄게요.

09 고마울 때

>> 녹음을 듣고 소리내어 읽어보세요?

Mini Talk

A: 谢谢。

Xièxie

시에시에

고마워요.

B: 不客气。

Bú kèqi

부 크어치

천만에요.

Check Point!

상대에게 고마움을 표현할 때는 보통 谢谢(Xièxie)!라고 합니다. 친한 사이라면
多谢(Duōxiè), 谢谢你(Xièxie nǐ)라고 하고, 강조할 때는 非常感谢!(Fēicháng
gǎnxiè 대단히 감사합니다)라고 합니다. 谢谢你来接我(Xièxie nǐ lái jiē wǒ 마
중 나와서 고맙습니다)처럼 谢谢 다음에 감사한 이유를 덧붙이면 '~해서 고마워
요'의 뜻을 전하는 표현이 됩니다.

감사합니다.

谢谢。
Xièxie
시에시에

당신 덕분이에요, 고맙습니다.

托你的福，谢谢。
Tuō nǐ de fú, xièxie
투어 니 더 푸, 시에시에

대단히 감사합니다.

非常感谢。
Fēicháng gǎnxiè
페이창 간시에

도와 주셔서 감사합니다.

谢谢你的帮助。
Xièxie nǐ de bāngzhù
시에시에 니 더 빵주

천만에요.

不客气。
búkèqi
부크어치

별말씀을요.

哪里哪里。
Nǎli nǎli
나리 나리

▶ **09 대화 다시듣기**

A: 고마워요.

B: 천만에요.

38

Unit 10 미안할 때

>> 녹음을 듣고 소리내어 읽어보세요?

Mini Talk

A: **对不起, 让你久等了。**

Duìbuqǐ, ràng nǐ jiǔ děng le

뚜에이부치, 랑 니 지우 덩 러

오래 기다리게 해서 미안합니다.

B: **没关系, 我也刚到的。**

Méi guānxi, wǒ yě gāng dào de

메이 꾸안시, 워 이에 깡 따오 더

괜찮아요,
저도 방금 왔어요.

Check Point!

상대방에게 실수하거나 잘못했을 때 우선 정중하게 사과를 하고 용서를 구하는 것이 도리입니다. 사과나 사죄를 할 때 对不起(Duìbuqǐ) 등의 표현 외에도 抱歉 (Bàoqiàn), 过意不去(Guòyìbúqù), 不好意思(Bùhǎoyìsi) 등도 많이 쓰입니다. 또 양해를 구할 때는 구할 때는 请您原谅(Qǐng nín yuánliàng 양해해 주십시오) 라고 합니다.

Basic Expression

미안합니다.

对不起。
Duìbuqǐ
뚜에이부치

정말 미안합니다.

真不好意思。
Zhēn bùhǎoyìsi
쩐 뿌하오이쓰

죄송합니다.

很抱歉。
Hěn bàoqiàn
흐언 빠오치엔

용서해 주십시오.

请原谅我。
Qǐng yuánliàng wǒ
칭 위엔리앙 워

제가 잘못했습니다.

是我不对。
Shì wǒ búduì
스 워 부뚜에이

괜찮습니다.

没关系。
Méi guānxi
메이 꾸안시

▶ 10 대화 다시듣기

A: 오래 기다리게 해서 미안합니다.   ☐ ☐ ☐
B: 괜찮아요, 저도 방금 왔어요.

학습일 / □

>> 녹음을 듣고 소리내어 읽어보세요?

Mini Talk

A: 祝贺你!

Zhùhè nǐ

쭈흐어 니

축하해요.

B: 谢谢。

Xièxie

시에시에

고마워요.

Check Point!

좋은 일이 있을 때는 당연히 축하해야겠죠. 상대방을 축하할 때는 보통 祝贺你 (Zhùhè nǐ)라고 합니다. 또한 축하할 일에 있으면 문장 앞에 祝(zhù)를 붙여 말 하는데 이 祝는 '축하한다'는 의미와 '~하기를 기원한다'라는 의미를 나타냅니다. 또한 恭喜(gōngxǐ)라는 표현도 많이 사용하는데, 이 표현은 중첩하여 恭喜恭喜 (Gōngxǐ gōngxǐ)로도 사용합니다.

41

축하드립니다.

祝贺你。
Zhùhè nǐ
쭈흐어 니

축하합니다.

恭喜。 / 恭喜恭喜。
Gōngxǐ / Gōngxǐ gōngxǐ
꽁시 / 꽁시 꽁시

저도 축하드립니다.

同喜, 同喜!
Tóngxǐ, tóngxǐ
통시, 통시

생일 축하합니다.

祝你生日快乐。
Zhù nǐ shēngrì kuàilè
쭈 니 셩르 쿠아이러

졸업을 축하합니다.

恭喜你毕业了。
Gōngxǐ nǐ bìyè le
꽁시 니 삐이에 러

취업을 축하드립니다.

恭喜你找到工作了。
Gōngxǐ nǐ zhǎodào gōngzuò le
꽁시 니 자오따오 꽁쭈어 러

▶ 11 대화 다시듣기

A: 축하해요.

B: 고마워요.

□ □ □

42

Unit 12 환영할 때

>> 녹음을 듣고 소리내어 읽어보세요?

Mini Talk

A: 你们好，初次见面。

Nǐmen hǎo, chūcì jiànmiàn

니먼 하오, 추츠 지엔미엔

안녕하세요, 처음 뵙겠습니다.

B: 欢迎欢迎，快请进。

Huānyíng huānyíng, kuài qǐng jìn

후안잉 후안잉, 쿠아이 칭 찐

어서 오세요,
들어오세요.

Check Point!

음식점이나 상점에 들어가면 직원들이 欢迎光临(Huānyíng guānglín)!이라고
인사하는데 '어서 오세요'의 뜻입니다. 집을 방문한 손님에게도 같은 표현을 쓸
수 있는데 이때는 '환영합니다'라는 뜻의 欢迎(huānyíng)을 반복해서 欢迎欢迎
(Huānyíng huānyíng)!이라고 하며, 또 문장 앞에 欢迎(huānyíng)을 덧붙이면
'~한 것을 환영합니다'라는 의미가 됩니다.

환영합니다!

欢迎欢迎!

Huānyíng huānyíng
후안잉 후안잉

어서오세요!

欢迎光临!

Huānyíng guānglín
후안잉 꾸앙린

와 주셔서 감사합니다.

谢谢您的光临。

Xièxie nín de guānglín
시에시에 닌 더 꾸앙린

박수로 환영합니다.

我们鼓掌欢迎。

Wǒmen gǔzhǎng huānyíng
워먼 구장 후안잉

한국에 오신 것을 환영합니다.

欢迎你来韩国访问。

Huānyíng nǐ lái Hánguó fǎngwèn
후안잉 니 라이 한구어 팡원

다음에 또 오세요!

欢迎下次再来!

Huānyíng xiàcì zài lái
후안잉 시아츠 짜이 라이

▶ 12 대화 다시듣기

A: 안녕하세요, 처음 뵙겠습니다.

B: 어서 오세요, 들어오세요.

☐ ☐ ☐

44

Unit 13 행운을 빌 때

>> 녹음을 듣고 소리내어 읽어보세요?

Mini Talk

A: 新年到了，新的一年开始了。

Xīnnián dào le, xīn de yìnián kāishǐ le

신니엔 따오 러, 신 더 이니엔 카이스 러

새해가 밝았네요, 새로운 한 해가 시작됐어요.

B: 万事如意，恭喜发财!

Wànshìrúyì, gōngxǐfācái

완스루이, 꽁시파차이

만사형통하시고
부자 되세요!

Check Point!

祝(zhù)는 '축하(祝贺zhùhè)한다'는 의미와 '~하기를 기원한다(祝愿zhùyuàn)'라는 의미를 나타냅니다. 따라서 문장 앞에 祝(zhù)를 붙이면 축원하는 의미의 문장이 됩니다. 상대방에게 축하할 일이 있거나 헤어질 때 이런 축원의 뜻이 담긴 말을 전합니다. 또 설이나 생일 등 명절이나 기념일에도 덕담의 의미가 담긴 축하의 말을 주고받습니다.

행복하시길 빕니다.

祝你们生活幸福!

Zhù nǐmen shēnghuó xìngfú

쭈 니먼 셩후어 싱푸

성공을 빌겠습니다.

祝你成功。

Zhù nǐ chénggōng

쭈 니 청꽁

잘되길 바랍니다.

祝你一切顺利。

Zhù nǐ yíqiè shùnlì

쭈 니 이치에 쑨리

행운이 있기를 바랍니다.

祝你好运。

Zhù nǐ hǎoyùn

쭈 니 하오윈

새해 복많이 받으십시오.

新年快乐。

Xīnnián kuàilè

신니엔 쿠아이러

부자 되세요!

恭喜发财!

Gōngxǐ fācái

꽁시 파차이

▶ **13 대화 다시듣기**

A: 새해가 밝았네요. 새로운 한 해가 시작됐어요.　☐ ☐ ☐

B: 만사형통하시고 부자 되세요!

Unit 14 기쁘거나 즐거울 때

>> 녹음을 듣고 소리내어 읽어보세요?

Mini Talk

A: 好玩儿吗?

Hǎo wánr ma

하오 왈 마

재미있었어요?

B: 玩儿得很痛快!

Wánr de hěn tòngkuài

왈 더 흐언 통쿠아이

정말 재미있었어요.

Check Point!

'기쁘다, 즐겁다'의 표현에는 대표적으로 高兴(gāoxìng), 开心(kāixīn) 등이 사용되며, 그 정도가 매우 대단함을 나타낼 때는 모두 잘 알고 있는 很(hěn), 好(hǎo), 真(zhēn), 太(tài) 등의 부사어를 앞에 붙여 자신의 기쁜 마음을 표현할 수 있습니다. 또한 유쾌하거나 상쾌한 기분은 愉快(yúkuài)나 痛快(tòngkuài)로 표현할 수 있습니다.

만세!

万岁!

Wànsuì

완쑤에이

정말 기분 좋아요.

我真高兴。

Wǒ zhēn gāoxìng

워 쩐 까오싱

너무 행복해요.

我太幸福了。

Wǒ tài xìngfú le

워 타이 싱푸 러

오늘 무척 기뻐요.

今天我很高兴。

Jīntiān wǒ hěn gāoxìng

진티엔 워 흐언 까오싱

오늘 아주 신나게 놀았어요.

今天玩儿得很愉快。

Jīntiān wánr de hěn yúkuài

진티엔 왈 더 흐언 위쿠아이

만족해요.

我很满意。

Wǒ hěn mǎnyì

워 흐언 만이

▶ **14 대화 다시듣기**

A: 재미있었어요?

B: 정말 재미있었어요.

☐ ☐ ☐

Unit 15 화날 때

>> 녹음을 듣고 소리내어 읽어보세요?

Mini Talk

A: 请你不要惹我生气。

Qǐng nǐ búyào rě wǒ shēngqì

칭 니 부야오 르어 워 성치

날 화나게 하지 마세요.

B: 你怎么向我发脾气?

Nǐ zěnme xiàng wǒ fāpíqi

니 전머 시앙 워 파피치

왜 오히려 저한테
화를 내세요?

Check Point!

중국어로 기분이 안 좋을 때는 보통 不高兴(bù gāoxìng), 心情不好(xīnqíng bù hǎo) 등으로 표현할 수 있습니다. 화가 났을 때는 生气(shēngqì)라는 표현을 이용하는데 我生气了(Wǒ shēngqì le)라고 하면 '나 화났어요'의 의미가 됩니다. 그런데 '내게 화내지 마세요'라고 하려면 别生我的气(Bié shēng wǒ de qi)라고 합니다.

정말 열 받네!

真气人!

Zhēn qìrén

쩐 치런

___

정말 화가 나 미치겠어!

真气死了!

Zhēn qì sǐle

쩐 치 쓰러

___

난 더 이상 못 참아.

我受够了。

Wǒ shòu gòu le

워 셔우 꺼우 러

___

아직도 나한테 화났어요?

你还生我的气吗?

Nǐ hái shēng wǒ de qì ma

니 하이 셩 워 더 치 마

___

화내지 마세요.

别生气了。

Bié shēngqì le

비에 셩치 러

___

화 좀 풀어요.

你消消气吧。

Nǐ xiāoxiaoqì ba

니 시아오시아오치 바

___

▶ **15 대화 다시듣기**

A: 날 화나게 하지 마세요.　　　□ □ □

B: 왜 오히려 저한테 화를 내세요?

Unit 16 슬프거나 외로울 때

>> 녹음을 듣고 소리내어 읽어보세요?

Mini Talk

A: 你到底怎么了?

Nǐ dàodǐ zěnme le

니 따오디 전머 러

도대체 무슨 일이니?

B: 昨天我们分手了，心里真难受。

Zuótiān wǒmen fēnshǒu le, xīnli zhēn nánshòu

주어티엔 워먼 펀셔우 러, 신리 쩐 난셔우

어제 우리 헤어지기로 했어.

마음이 힘드네.

Check Point!

우리말의 '마음이 아프다, 괴롭다'라는 뜻으로 쓰이는 중국어로는 伤心 (shāngxīn), 难过(nánguò) 등이 있습니다. 어떤 일이나 사람 때문에 마음이 상할 때는 피동의 표현 让(ràng)을 사용하여 这件事让我伤心(Zhè jiàn shì ràng wǒ shāngxīn)이라고 합니다. 상대가 슬퍼할 때는 不要伤心了(Bú yào shāngxīnle)라고 위로의 말을 건넬 수 있습니다.

슬퍼요.

我很悲哀。

Wǒ hěn bēi'āi

워 흐언 뻬이아이

속상해서 울고 싶어요.

我伤心得要哭了。

Wǒ shāngxīn de yào kū le

워 샹신 더 야오 쿠 러

마음이 아프네요.

我心里很难受。

Wǒ xīnli hěn nánshòu

워 신리 흐언 난셔우

정말 슬퍼요.

心里好难过。

Xīnli hǎo nánguò

신리 하오 난꾸어

외로워요.

很寂寞。

Hěn jīmò

흐언 지모어

너무 상심하지 마세요.

你不要太伤心吧。

Nǐ búyào tài shāngxīn ba

니 부야오 타이 샹신 바

▶ **16 대화 다시듣기**

A: 도대체 무슨 일이니?

B: 어제 우리 헤어지기로 했어. 마음이 힘드네.

□ □ □

놀랍거나 무서울 때

>> 녹음을 듣고 소리내어 읽어보세요?

학습일 / □

Mini Talk

A: **哟, 吓死了!**

Yō, xià sǐ le

요, 시아 쓰 러

아이, 깜짝이야!

B: **怎么样, 吓着了吧?**

Zěnmeyàng, xiàzháo le ba

전머양, 시아자오 러 바

어때, 놀랐지?

Check Point!

놀라거나 무서울 때 우리말의 '깜짝 놀라다'라는 중국어 표현에는 吓了一跳(Xià leyí tiào), 吓死我了(Xià sǐ wǒ le) 등이 많이 쓰입니다. 그리고 '너무 두렵다'라는 표현으로는 太恐怖了(Tàikǒngbù le)가 적합합니다. 이처럼 놀라거나 두려워하는 상대의 마음을 진정시킬 때는 镇静点儿(Zhènjìng diǎnr 진정하세요)라고하면 됩니다.

맙소사!

我的天啊!

Wǒ de tiān a
워 더 티엔 아

오, 안 돼!

噢，不行!

Ō, bùxíng
오, 뿌싱

아, 정말 끔찍해요!

唷，真恐怖!

Yō, Zhēn kǒngbù
요, 쩐 콩뿌

놀랍군요!

真惊人!

Zhēn jīngrén
쩐 징런

무서워요.

我害怕。

Wǒ hàipà
워 하이파

무서워하지 마요!

别怕，不要怕!

Bié pà, búyào pà
비에 파, 부야오 파

▶ 17 대화 다시듣기

A: 아이, 깜짝이야!

B: 어때, 놀랐지?

Unit 18 후회하거나 실망할 때

>> 녹음을 듣고 소리내어 읽어보세요?

Mini Talk

A: 这次又失败了，真惭愧。

Zhè cì yòu shībài le, zhēn cánkuì

쩌 츠 여우 스빠이 러, 쩐 찬쿠에이

이번에도 실패했어요, 정말 부끄러워요.

B: 别太失望了，还会有机会的。

Bié tài shīwàng le, hái huì yǒu jīhuì de

비에 타이 스왕 러, 하이 후에이 여우 찌후에이 더

너무 실망하지 말아요,
또 기회가 있을 거예요.

Check Point!

'늦었다고 후회할 때가 가장 빠른 때이다'라는 말이 있습니다. 이는 후회를 하기에 앞서 잘못을 바로잡아 새롭게 시작하면 얼마든지 다시 잘될 수 있다는 것을 강조하는 말입니다. 亡羊补牢(wángyángbǔláo 소 잃고 외양간 고친다)는 우둔함을 탓하는 것보다는 이제라도 그 잘못을 바로잡아 그와 같은 어리석음을 범하지 말아야 한다는 것을 말합니다.

정말 실망이에요.

真让人失望。

Zhēn ràng rén shīwàng

쩐 랑 런 스왕

후회가 막심해요.

真是后悔莫及啊。

Zhēn shì hòuhuǐmòjí a

쩐 스 허우후에이모지 아

이젠 너무 늦었어요.

现在已经太晚了。

Xiànzài yǐjīng tài wán le

시엔짜이 이징 타이 완 러

당신한테 너무 실망했어요.

我对你太失望了。

Wǒ duì nǐ tài shīwàng le

워 뚜에이 니 타이 스왕 러

낙담하지 말아요.

不要气馁。

Búyào qìněi

부야오 치네이

실망하지 마세요.

别失望。

Bié shīwàng

비에 스왕

▶ 18 대화 다시듣기

A: 이번에도 실패했어요, 정말 부끄러워요. ☐ ☐ ☐

B: 너무 실망하지 말아요, 또 기회가 있을 거예요.

Unit 19 감탄하거나 칭찬할 때

>> 녹음을 듣고 소리내어 읽어보세요?

Mini Talk

A: 你说汉语说得真好。

Nǐ shuō Hànyǔ shuō de zhēn hǎo
니 수어 한위 수어 더 쩐 하오

중국어를 정말 잘하시네요.

B: 你过奖了，还差得远啊。

Nǐ guòjiǎng le, hái chà de yuǎn a
니 꾸어지앙 러, 하이 차 더 위엔 아

과찬이세요,
아직 부족한걸요.

Check Point!

대인관계를 원만히 하기 위해서는 무엇보다도 상대방을 칭찬하는 것 이상으로
기분 좋게 하는 것은 없습니다. 여기서는 상대방의 장점이나 성품, 능력, 외모
등을 적절하게 말할 수 있도록 표현을 익혀둡시다. 또한, 중국어에서는 특히 很
(hěn), 太(tài), 真(zhēn) 등을 덧붙여서 강조를 하여 칭찬하는 것이 좋습니다. 특
히 真棒(Zhēn bàng)!은 칭찬할 때 많이 쓰이는 말입니다.

대단해요!

真棒!

Zhēn bàng

쩐 빵

멋지네요!

太壮观了!

Tài zhuàngguān le

타이 쭈앙꾸안 러

너무 재미있네요!

真有意思!

Zhēn yǒuyìsi

쩐 여우이쓰

너무 맛있네요!

太好吃了!

Tāi hǎochī le

타이 하오츠 러

정말 잘했어요.

你干得真好。

Nǐ gàn de zhēn hǎo

니 깐 더 쩐 하오

정말 대단하네요.

你真了不起!

Nǐ zhēn liǎobuqǐ

니 쩐 리아오부치

▶ 19 대화 다시듣기

A: 중국어를 정말 잘하시네요.

B: 과찬이세요, 아직 부족한걸요.

□ □ □

58

Unit 20 좋아하거나 싫어할 때

>> 녹음을 듣고 소리내어 읽어보세요?

Mini Talk

A: 你喜欢看什么类型的电影?

Nǐ xǐhuan kàn shénme lèixíng de diànyǐng

니 시후안 칸 션머 레이싱 더 띠엔잉

어떤 영화를 좋아하세요?

B: 我喜欢功夫片。

Wǒ xǐhuan gōngfupiàn

워 시후안 꽁푸피엔

무술영화를 좋아해요.

Check Point!

상대에게 어떤 것을 좋아하는지 알고 싶을 때는 你喜欢什么~(Nǐ xǐhuan shénme 어떤 ~를 좋아하세요?)라는 표현을 사용합니다. 자신이 좋아하는 것을 말할 때는 我喜欢~(Wǒ xǐ huān 나는 ~을 좋아합니다), 반대로 싫어한다고 말할 때는 我不喜欢~(Wǒ bù xǐhuān 나는 ~을 싫어합니다), 또는 我讨厌~(Wǒ tǎoyàn)이라고 표현합니다.

59

Basic Expression

어떤 운동을 좋아해요?

你喜欢什么运动?

Nǐ xǐhuan shénme yùndòng
니 시후안 션머 윈똥

어떤 계절을 좋아하세요?

你喜欢什么季节?

Nǐ xǐhuan shénme jìjié
니 시후안 션머 지지에

전 음악 듣는 걸 좋아해요.

我喜欢听音乐。

Wǒ xǐhuan tīng yīnyuè
워 시후안 팅 인위에

전 운동에 흥미가 없어요.

我对运动不感兴趣。

Wǒ duì yùndòng bù gǎnxìngqù
워 뚜에이 윈똥 뿌 간싱취

난 그이를 좋아하지않아요.

我不喜欢他。

Wǒ bù xǐhuan tā
워 뿌 시후안 타

난 춤추는 걸 무척 싫어해요.

我最讨厌跳舞。

Wǒ zuì táoyàn tiàowǔ
워 쭈에이 타오이엔 티아오우

▶ **20 대화 다시듣기**

A: 어떤 영화를 좋아하세요?

B: 무술영화를 좋아해요.

60

Unit 21 맞장구칠 때

>> 녹음을 듣고 소리내어 읽어보세요?

Mini Talk

A: 你知道吗? 他买了房子。

Nǐ zhīdao ma? Tā mǎi le fángzi

니 쯔다오 마? 타 마이 러 팡즈

당신 알아요? 저 남자 집을 샀대요.

B: 真的?

Zhēnde

쩐더

정말이에요?

Check Point!

대화의 흐름을 원활하게 하기 위해서는 맞장구를 잘 치는 일입니다. 이것은 상대방에게 자기의 이야기를 잘 듣고 있다는 신뢰감을 줄 수 있기 때문입니다. 우리말의 '그래 맞아, 그렇구나'의 중국어 표현으로는 对(duì), 就是(jiùshì), 是啊(shì a) 등을 들 수 있습니다. 또 놀랍거나 의아할 때는 是吗(Shì ma)?, 真的(Zhěnde)? 등으로 반문하기도 합니다.

그래 맞아요.

是的。 / 是啊。

Shì de / Shì a

스 더 / 스 아

정말요?

是吗? / 真的?

Shì ma / Zhěnde

스 마 / 전더

맞아요.

没错。

Méicuò

메이추어

맞는 말씀이세요.

你说得对。

Nǐ shuō de duì

니 수어 더 뚜에이

누가 아니래요.

可不是嘛。

Kěbúshì ma

크어부스 마

아이고, 그럴 리가요.

唉, 不会吧。

Āi, búhuì ba

아이, 부후에이 바

▶ 21 대화 다시듣기

A: 당신 알아요? 저 남자 집을 샀대요. □ □ □

B: 정말이에요?

62

Unit 22 되물을 때

>> 녹음을 듣고 소리내어 읽어보세요?

Mini Talk

A: 你刚才说什么了?

Nǐ gāngcái shuō shénme le

니 깡차이 수어 션머 러

방금 뭐라고 하셨어요?

B: 请注意听, 下星期有考试。

Qǐng zhùyì tīng, xiàxīngqī yǒu kǎoshì

칭 쭈이 팅, 시아싱치 여우 카오스

잘 들어요,
다음 주에 시험이에요.

Check Point!

상대의 말을 못 들었거나 이해하지 못해서 다시 한 번 말해달라고 요구할 때는
请你再说一遍(Qǐng nǐ zài shuō yíbiàn)이라고 합니다. 어느 정도 중국어를 배
웠어도 실제 중국에 가서 부딪치면 사람들이 말하는 속도도 빠르고 또 儿化韵
현상이나 지방 사투리가 다양해서 귀에 잘 들어오지 않을 수 있습니다. 이럴 때
는 망설이지 말고 확실하게 되물어봅시다.

무슨 소리에요?

你说什么?

Nǐ shuō shénme

니 수어 션머

방금 뭐라고 하셨어요?

刚才你说什么了?

Gāngcái nǐ shuō shénme le

깡차이 니 수어 션머 러

말씀하신 게 무슨 뜻인가요?

你说的是什么意思?

Nǐ shuō de shì shénme yìsi

니 수어 더 스 션머 이쓰

다시 한 번 말씀해 주십시오.

请再说一次吧。

Qǐng zài shuō yícì ba

칭 짜이 수어 이츠 바

미안합니다, 잘 못 들었어요.

对不起，我没听清楚。

Duìbuqǐ, wǒ méi tīng qīngchu

뚜에이부치, 워 메이 팅 칭추

천천히 말씀해주시죠.

请你慢一点儿说。

Qǐng nǐ màn yìdiǎnr shuō

칭 니 만 이디알 수어

▶ 22 대화 다시듣기

A: 방금 뭐라고 하셨어요? ☐ ☐ ☐

B: 잘 들어요, 다음 주에 시험이에요.

Unit 23 부탁할 때

>> 녹음을 듣고 소리내어 읽어보세요?

Mini Talk

A: **请帮我一个忙, 可以吗?**

Qǐng bāng wǒ yígè máng, kěyǐ ma

칭 빵 워 이끄어 망, 크어이 마

저 좀 도와주시겠어요?

B: **可以, 什么事儿?**

Kěyǐ, shénme shìr

크어이, 선머 셜

네, 무슨 일이죠?

Check Point!

문장 앞에 请(qǐng)을 붙이면 부탁의 의미나 공경의 의미를 나타냅니다. 해석하면 '~하세요, ~해주세요'의 의미가 됩니다. 부탁이나 의뢰를 할 때는 문장 마지막에 行吗(xíng ma)?, 好吗(hǎo ma)?, 可以吗(kěyǐ ma)?와 같이 상대방의 의향을 물어보는 말을 덧붙입니다. 또, 麻烦你(máfan nǐ), 劳驾(láojià), 请问(qǐngwèn)과 같은 말을 먼저 건네는 것도 좋습니다.

잘 부탁드립니다.

多多拜托您!
Duōduo bàituō nín
뚜어두어 빠이투어 닌

부탁 하나 드려도 될까요?

我想拜托你一件事，行吗?
Wǒ xiǎng bàituō nǐ yíjiàn shì, xíng ma
워 시앙 빠이투어 니 이지엔 스, 싱 마

앞으로 많이 봐 주십시오.

以后请您多多关照。
Yǐhòu qǐng nín duōduoguānzhào
이허우 칭 닌 뚜어두어꾸안짜오

물론 되죠.

当然可以。
Dāngrán kěyǐ
땅란 크어이

문제없어요.

没问题。
Méi wèntí
메이 원티

아무래도 안 되겠는데요.

这恐怕不行。
Zhè kǒngpà bùxíng
쩌 콩파 뿌싱

▶ **23 대화 다시듣기**

A: 저 좀 도와주시겠어요?

B: 네, 무슨 일이죠?

☐ ☐ ☐

의견을 묻고 대답할 때

>> 녹음을 듣고 소리내어 읽어보세요?

Mini Talk

A: 明天去怎么样?

Míngtiān qù zěnmeyàng

밍티엔 취 전머양

내일 가면 어때요?

B: 明天我还要上班。

Míngtiān wǒ hái yào shàngbān

밍티엔 워 하이 야오 샹빤

내일도 출근해야 해요.

Check Point!

다른 사람에게 의견을 제시하거나 물어볼 때 흔히 ~怎么样(zěnmeyàng)을 많이 사용합니다. 이것은 '~하면 어떨까요?'라고 상대방의 의중을 물어보는 표현입니다. 상대의 의견에 찬성할 때는 请随便(Qǐng suíbiàn)라고 하고, 반대로 상대방의 의견에 부정할 때는 我倒不那么认为(Wǒ dào bú nàme rènwéi)라고 하면 됩니다.

당신 의견은 어때요?

你的意见怎么样?

Nǐ de yìjiàn zěnmeyàng

니 더 이찌엔 전머양

당신이 느끼기에 어때요?

你觉得怎么样?

Nǐ juéde zěnmeyàng

니 쮀에더 전머양

당신이 보기에 어때요?

你看怎么样?

Nǐ kàn zěnmeyàng

니 칸 전머양

무슨 좋은 생각이 있어요?

有没有什么好主意?

Yǒuméiyǒu shénme hǎo zhǔyi

여우메이여우 션머 하오 주이

좋으실 대로 하십시오.

请随便。

Qǐng suíbiàn

칭 수에이삐엔

뭐라고 말할 수 없네요.

我也不好说。

Wǒ yě bùhǎoshuō

워 이에 뿌하오수어

▶ 24 대화 다시듣기

A: 내일 가면 어때요?

B: 내일도 출근해야 해요.

☐ ☐ ☐

68

Unit 25 동의를 구하고 답할 때

>> 녹음을 듣고 소리내어 읽어보세요?

Mini Talk

A: 你同意我的看法吗?

Nǐ tóngyì wǒ de kànfǎ ma

니 통이 워 더 칸파 마

제 의견에 동의합니까?

B: 完全同意。

Wánquán tóngyì

완취엔 통이

동의합니다.

Check Point!

상대방의 동의를 구할 때 怎么样(Zěnmeyàng)라고 묻습니다. 이때 중국인들은 '좋다'라는 표현인 好的(hǎode)를 연발합니다. 만일 중국인과 어떤 비즈니스를 할 경우에 이 말만 믿고 모든 일이 잘된 줄 알고 있다가는 크게 낭패를 보게 됩니다. 중국인은 입버릇처럼 하는 말이기 때문입니다. 부정할 때는 不是(búshì)나 没有(méiyǒu)를 많이 사용합니다.

당신도 내 생각과 같습니까?

你的想法也跟我一样吗?

Nǐ de xiǎngfǎ yě gēn wǒ yíyàng ma
니 더 시앙파 이에 끄언 워 이양 마

어떻습니까?

怎么样?

Zěnmeyàng
전머양

동감입니다.

我也有同感。

Wǒ yě yǒu tónggǎn
워 이에 여우 통간

다른 의견은 없습니다.

我没有别的意见。

Wǒ méiyǒu biéde yìjiàn
워 메이여우 비에더 이지엔

전적으로 동의합니다.

我完全同意。

Wǒ wánquán tóngyì
워 완취엔 통이

저는 동의할 수 없습니다.

我不能同意。

Wǒ bùnéng tóngyì
워 뿌넝 통이

▶ **25 대화 다시듣기**

A: 제 의견에 동의합니까?

B: 동의합니다.

□ □ □

✦ 앞에서 배운 대화 내용입니다. 한글을 중국어로 말해보세요. 잘 모르시겠다고요?
걱정마세요. 녹음이 있잖아요. 그리고 정답은 각 유닛에서 확인하세요.

01 A: 你好, 요즘 어떠세요?
    B: 很好, 你呢?

02 A: 건강은 좋아지셨어요?
    B: 没事了。

03 A: 제 소개를 먼저 하겠습니다.
    B: 好。

04 A: 久闻大名, 만나서 반갑습니다.
    B: 认识你我也很高兴。

05 A: 오랜만이네요.
    B: 是啊, 你还好吗?

06 A: 哟, 这是谁呀!
    B: 呀! 是刘梅吧? 어떻게 여기에 왔어요?

07 A: 很高兴今天认识你。
    B: 认识你我也很高兴。 안녕히 가세요.

08 A: 我真的要走了。
    B: 好, 편안한 여행되시길 바랄게요!

09 A: 고마워요.
    B: 不客气。

10 A: 对不起, 让你久等了。
    B: 괜찮아요, 我也刚到的。

11 A: 축하해요!
    B: 谢谢。

12 A: 你们好, 初次见面。
    B: 어서 오세요, 快请进。

13 A: 新年到了, 新的一年开始了。
    B: 万事如意, 부자 되세요!

14 A: 재미있었어요?
    B: 玩儿得很痛快!

15 A: 날 화나게 하지 마세요.
    B: 你怎么向我发脾气?

16 A: 你到底怎么了?
    B: 昨天我们分手了, 마음이 힘드네.

17 A: 哟, 깜짝이야!
    B: 怎么样, 吓着了吧?

18 A: 这次又失败了, 真惭愧。
    B: 너무 실망하지 말아요, 还会有机会的。

19 A: 你说汉语说得真好。
    B: 과찬이세요, 还差得远啊。

20 A: 你喜欢看什么类型的电影?
    B: 무술영화를 좋아해요.

21 A: 你知道吗? 他买了房子。
    B: 정말이에요?

22 A: 你刚才说什么了?
    B: 잘 들어요, 下星期有考试。

23 A: 저 좀 도와 주시겠어요?
    B: 可以, 什么事儿?

24 A: 내일 가면 어때요?
    B: 明天我还要上班。

25 A: 你同意我的看法吗?
    B: 동의합니다.

做得好!

화제·취미·여가 → 표현

Expression

Unit 01 시간에 대해 말할 때

>> 녹음을 듣고 소리내어 읽어보세요?

Mini Talk

A: **请问, 现在几点?**

Qǐngwèn, xiànzài jǐ diǎn

칭원, 시엔짜이 지 디엔

말씀 좀 여쭐게요, 지금 몇 시죠?

B: **差五分十二点。**

Chà wǔfēn shíèr diǎn

차 우펀 스얼 디엔

12시 5분 전입니다.

Check Point!

중국은 국토 면적이 넓지만 전국이 동일한 시간을 사용합니다. 한국보다 1시간 늦어 한국시간으로 오전10시일 경우 중국시간으로는 오전9시입니다. 중국인은 하루를 일찍 시작해서 학교도 첫 수업을 8시에 시작합니다. 그 대신 퇴근시간도 빨라 저녁 7시면 가족들이 모두 돌아와 함께 저녁을 먹습니다. 지금 몇 시인지를 물을 때는 现在几点(Xiànzài jǐ diǎn)?이라고 합니다.

지금 몇 시죠?

现在几点?

Xiànzài jǐ diǎn
시엔짜이 지 디엔

몇 시에 출근하세요?

你几点上班?

Nǐ jǐ diǎn shàngbān
니 지 디엔 샹빤

언제 돌아오세요?

什么时候回来?

Shénme shíhou huílái
션머 스허우 후에이라이

몇 시에 올 거예요?

你几点过来?

Nǐ jǐ diǎn guòlái?
니 지 디엔 꾸어라이

시간이 얼마나 걸려요?

需要多长时间?

Xūyào duōcháng shíjiān
쉬야오 뚜어창 스지엔

시간 있으세요?

你有空吗?

Nǐ yǒu kòng ma
니 여우 콩 마

▶ 01 대화 다시듣기

A: 말씀 좀 여쭐게요, 지금 몇 시죠?   □ □ □
B: 12시 5분 전입니다.

Unit 02 날짜와 요일에 대해 말할 때

>> 녹음을 듣고 소리내어 읽어보세요?

Mini Talk

A: 今天是几月几号?

Jīntiān shì jǐ yuè jǐ hào

진티엔 스 지 위에 지 하오

오늘 몇 월 며칠이니?

B: 今天是十月一号。

Jīntiān shì shíyuè yīhào

진티엔 스 스위에 이하오

오늘 10월 1일이야.

Check Point!

중국어로 시간이나 연월일을 물을 때 쓰이는 '몇'은 几(jǐ)로 사용을 하면 됩니다. 또한 年(nián)을 읽을 때는 일반적으로 숫자 하나하나를 읽어줍니다. '몇 월 며칠'을 말할 때는 几月几日(jǐ yuè jǐ rì) 혹은 几月几号(jǐ yuè jǐ hào)라고 말하면 되는데 서면에서는 日라고 하고, 말할 때는 号라고 합니다. 요일은 星期(xīngqī)라고 말합니다.

오늘은 며칠이죠?

今天几月几号?

Jīntiān jǐ yuè jǐ hào
진티엔 지 위에 지 하오

오늘은 무슨 요일이에요?

今天星期几?

Jīntiān xīngqī jǐ
진티엔 싱치 지

당신 생일은 몇 월 며칠이죠?

你的生日是几月几号?

Nǐ de shēngrì shì jǐ yuè jǐ hào
니 더 셩르 스 지 위에 지 하오

다음 주말에 시간 있어요?

下个周末你有空吗?

Xià ge zhōumò nǐ yǒukōng ma
시아 거 쩌우모어 니 여우콩 마

몇 년도에 태어나셨어요?

你是哪一年出生的?

Nǐ shì nǎ yìnián chūshēng de
니 스 나 이니엔 추셩 더

오늘은 무슨 날이에요?

今天是什么日子?

Jīntiān shì shénme rìzi
진티엔 스 션머 르즈

▶ **02 대화 다시듣기**

A: 오늘 몇 월 며칠이니?

B: 오늘 10월 1일이야.

☐ ☐ ☐

Unit 03 날씨와 계절에 대해 말할 때

>> 녹음을 듣고 소리내어 읽어보세요?

Mini Talk

A: **你喜欢这种天气吗?**

Nǐ xǐhuan zhèzhǒng tiānqì ma

니 시후안 쩌종 티엔치 마

어떤 날씨를 좋아해요?

B: **我不太喜欢这种干燥的天气。**

Wǒ bútài xǐhuan zhèzhǒng gānzào de tiānqì

워 부타이 시후안 쩌종 깐짜오 더 티엔치

이런 건조한 날씨는 싫어요.

Check Point!

중국은 국토면적이 넓은 만큼 날씨와 기후도 다릅니다. '일기예보'를 天气预报
(tiānqì yùbào)라고 하는데 중국 전체를 대략적인 지역으로 나누어 날씨를 설명
합니다. 때때로 일기예보에서 말하는 지역이 한국 전체보다 훨씬 넓어 과연 일기
예보가 맞을지 의심스러울 때도 있습니다. 봄철에 고원지방에서 불어오는 황사
를 沙尘暴(shāchénbào)라고 합니다.

오늘 날씨 어때요?

今天天气怎么样?

Jīntiān tiānqì zěnmeyàng
진티엔 티엔치 전머양

오늘 날씨 참 좋죠?

今天天气真好，是吧?

Jīntiān tiānqì zhēn hǎo, shì ba
진티엔 티엔치 쩐 하오, 스 바

오늘 날씨 정말 안 좋아요.

今天天气真不好。

Jīntiān tiānqì zhēn bùhǎo
진티엔 티엔치 쩐 뿌하오

오늘 날씨 따뜻해요.

今天天气很暖和。

Jīntiān tiānqì hěn nuǎnhuo
진티엔 티엔치 흐언 누안후어

오늘은 어제보다 추워요.

今天比昨天冷。

Jīntiān bǐ zuótiān lěng
진티엔 비 주어티엔 렁

어느 계절을 좋아하세요?

你喜欢哪个季节?

Nǐ xǐhuan nǎ ge jìjié
니 시후안 나 거 지지에

▶ 03 대화 다시듣기

A: 어떤 날씨를 좋아해요? □ □ □
B: 이런 건조한 날씨는 싫어요.

80

>> 녹음을 듣고 소리내어 읽어보세요?

Mini Talk

A: **请问, 你今年多大了?**

Qǐngwèn, nǐ jīnnián duōdà le

칭 원, 니 진니엔 뚜어따 러

말씀 좀 여쭐게요, 올해 몇이세요?

B: **我今年三十五岁了。**

Wǒ jīnnián sānshíwǔ suì le

워 진니엔 싼스우 쑤에이 러

저는 올해 서른다섯 살입니다.

Tip
Check Point!

중국에서는 우리와는 달리 만으로 나이를 계산합니다. 이것을 周岁(zhōusuì)라
고 합니다. 물론 예전에는 우리처럼 태어나면서 바로 1살이 되었는데 이것을 虚
岁(xūsuì)라고 합니다. 상대에게 나이를 물을 때는 你多大了(Nǐ duōdà le)?나
你多大年纪(Nǐ duōdà niánjì)?라고 합니다. 또한 你几岁(Nǐ jǐ suì)?는 어린아이
에게 나이를 물을 때 쓰는 표현입니다.

어디 분이세요?

你是哪里人?

Nǐ shì nǎli rén
니 스 나리 런

어느 나라 분이세요?

你是哪国人?

Nǐ shì nǎ guórén
니 스 나 구어런

전 한국에서 왔습니다.

我是从韩国来的。

Wǒ shì cóng hánguó lái de
워 스 총 한구어 라이 더

몇 살이에요?

你多大了?

Nǐ duōdà le
니 뚜어따 러

몇 년생이세요?

你是哪一年出生的?

Nǐ shì nǎ yìnián chūshēng de
니 스 나 이니엔 추셩 더

어디 사세요?

你住在哪儿?

Nǐ zhù zài nǎr
니 쭈 짜이 날

▶ 04 대화 다시듣기

A: 말씀 좀 여쭐게요, 올해 몇이세요?

B: 저는 올해 서른다섯 살입니다.

□ □ □

>> 녹음을 듣고 소리내어 읽어보세요?

Mini Talk

A: 你是学生吧?

Nǐ shì xuéshēng ba

니 스 쉬에성 바

당신은 학생이죠?

B: 不是, 我是公司职员。

Búshì, wǒ shì gōngsī zhíyuán

부스, 워 스 꽁쓰 즈위엔

아닙니다,
저는 회사원입니다.

Check Point!

초등학교(小学 xiǎoxué)와 중학교(初中 chūzhōng)의 학제는 '6, 3제'와 '5, 4제'를 위주로 합니다. 고등학교(普通高中 pǔtōnggāozhōng)의 학제는 3년이며, 대학의 본과 학제는 일반적으로 4년이고 일부 이공대학은 5년이며, 의과대학은 5년과 7년 두 종류의 학제가 있습니다. 대학원의 학제는 2, 3년인데 석사 연구생의 수업 기한은 2, 3년입니다.

어느 학교에 다녀요?

请问，你在哪个学校上学?

Qǐngwèn, nǐ zài nǎ ge xuéxiào shàngxué
칭원, 니 짜이 나 거 쉬에시아오 샹쉬에

대학생이에요?

你是大学生吗?

Nǐ shì dàxuéshēng ma
니 스 따쉬에성 마

몇 학년이에요?

你几年级?

Nǐ jǐ niánjí
니 지 니엔지

대학교 3학년입니다.

我是大学三年级的。

Wǒ shì dàxué sān niánjí de
워 스 따쉬에 싼 니엔지 더

전공이 뭐죠?

你是哪个专业的?

Nǐ shì nǎ ge zhuānyè de
니 스 나 거 쭈안이에 더

어느 학교를 졸업하셨어요?

你是哪个学校毕业的?

Nǐ shì nǎ ge xuéxiào bìyè de
니 스 나 거 쉬에시아오 삐이에 더

▶ **05 대화 다시듣기**

A: 당신은 학생이죠?

B: 아닙니다, 저는 회사원입니다.

□ □ □

84

Unit
06 학교생활에 대해 말할 때

>> 녹음을 듣고 소리내어 읽어보세요?

Mini Talk

A: # 你今天有几门课?

Nǐ jīntiān yǒu jǐ ménkè

니 진티엔 여우 먼크어

오늘 수업이 몇 과목이죠?

B: # 有四门课, 下午两点下课。

Yǒu sì ménkè, xiàwǔ liǎngdiǎn xiàkè

여우 쓰 먼크어, 시아우 리앙디엔 시아크어

4과목이요,
오후 2시에 끝나요.

Check Point!

수업을 课(kè), '수업을 하다'를 上课(shàngk)라고 합니다. 课(kè)는 상황에
따라 '과목'에 해당해서 '회화수업'을 口语课(kǒuyǔkè), 작문수업을 写作课
(xiězuòkè)라고 합니다. 선생님이 학생들을 学生(xuéshēng)이라고 부르지 않
고 '함께 배운다'는 의미의 同学(tóngxué)라고 합니다. 수업량이 많고 학점관리
도 엄격한 편이어서 학생들이 열심히 공부해야 합니다.

중국어를 얼마나 배우셨어요?

你学汉语学多久了?

Nǐ xué hànyǔ xué duōjiǔ le
니 쉬에 한위 쉬에 뚜어지우 러

아르바이트는 하나요?

你正在打工吗?

Nǐ zhèngzài dǎgōng ma
니 쩡짜이 다꿍 마

어떤 동아리 활동을 하나요?

你加入什么社团?

Nǐ jiārù shénme shètuán
니 찌아루 션머 셔투안

수업은 아침 몇 시에 시작해요?

早晨几点开始上课?

Zǎochén jǐdiǎn kāishǐ shàngkè
자오천 지디엔 카이스 샹크어

몇 시에 수업이 끝나요?

你几点下课?

Nǐ jǐ diǎn xiàkè
니 지 디엔 시아크어

선생님, 질문이 있습니다.

老师，我有一个问题。

Lǎoshī, wǒ yǒu yígè wèntí
라오스, 워 여우 이꺼 원티

▶ 06 대화 다시듣기

A: 오늘 수업이 몇 과목이죠?
B: 4과목이요, 오후 2시에 끝나요.

☐ ☐ ☐

직장에 대해 말할 때

>> 녹음을 듣고 소리내어 읽어보세요?

Mini Talk

A: 你在哪儿工作?

Nǐ zài nǎr gōngzuò

니 짜이 날 꽁쭈어

어디에서 일하세요?

B: 我在银行工作。

Wǒ zài yínháng gōngzuò

워 짜이 인항 꽁쭈어

은행에 근무합니다.

Check Point!

개혁개방을 실시한 후 철밥그릇(铁饭碗 tiěfànwǎn 직장 잃을 염려가 없는 안정된 직장을 의미)으로 통하던 국영기업체들이 민영화되고 국가가 취업을 보장해 주지 않으면서 중국은 심각한 실업문제로 고심하고 있습니다. 젊은이들의 취업난도 심각해서 졸업 철이 다가오면 예비졸업생들이 졸업논문과 취업문제로 고민하는 모습을 볼 수 있습니다.

어느 회사에 근무하세요?

你在哪个公司工作?

Nǐ zài nǎge gōngsī gōngzuò
니 짜이 나거 꽁쓰 꽁쭈어

회사에서 어떤 업무를 담당하세요?

你在公司担任什么工作?

Nǐ zài gōngsī dānrèn shénme gōngzuò
니 짜이 꽁쓰 딴런 션머 꽁쭈어

평소에 어떻게 출근하세요?

你平时怎么上班?

Nǐ píngshí zěnme shàngbān
니 핑스 전머 샹빤

출근할 때 시간이 얼마나 걸려요?

上班时需要多长时间?

Shàngbān shí xūyào duōcháng shíjiān
샹빤 스 쉬야오 뚜어창 스찌엔

지금 근무하는 곳은 어디에요?

你现在上班的地方是哪儿?

Nǐ xiànzài shàngbān de dìfāng shì nǎr
니 시엔짜이 샹빤 더 띠팡 스 날

하루에 몇 시간씩 일하세요?

一天工作几个小时?

Yìtiān gōngzuò jǐge xiǎoshí
이티엔 꽁쭈어 지거 시아오스

▶ 07 대화 다시듣기

A: 어디에서 일하세요?
B: 은행에 근무합니다.

☐ ☐ ☐

88

Unit 08 직장생활에 대해 말할 때

>> 녹음을 듣고 소리내어 읽어보세요?

Mini Talk

A: 你这几天是不是很忙?

Nǐ zhè jǐ tiān shìbushì hěn máng

니 쩌 지 티엔 스부스 흐언 망

요즘 많이 바쁘신가 봐요?

B: 啊, 这几天公司总加班 有点儿忙。

Ā, zhè jǐ tiān gōngsī zǒng jiābān, yǒudiǎnr máng

아, 쩌 지 티엔 꽁쓰 종 찌아빤, 여우디알 망

아이고, 요즘 회사에서
야근을 자주해서 조금 바빠요.

Check Point!

'샐러리맨'을 工薪族(gōngxīnzú)라고 합니다. 직장인들이 가장 관심을 갖는 것이 '연봉'인데 이것을 年薪(niánxīn)이라고 합니다. 연봉 이외에 '보너스'는 奖金(jiǎngjīn), 수당은 补贴(bǔtiē)라고 합니다. 중국인들은 처음 만난 사람에게 연봉이나 가정의 수입을 구체적으로 묻는 사람이 많은데 그만큼 재테크에 관심이 많기 때문입니다.

89

오늘 저는 야근해야 해요.

今天我要加班。

Jīntiān wǒ yào jiābān

찐티엔 워 야오 지아빤

이번 휴가는 며칠 이에요?

这次你休几天?

Zhècì nǐ xiū jǐtiān

쩌츠 니 시우 지티엔

오늘도 잔업하세요?

今天又加班吗?

Jīntiān yòu jiābān ma

찐티엔 여우 지아빤 마

잠시 휴식합시다.

暂时休息吧。

Zànshí xiūxī ba

짠스 시우시 바

다 했어요?

你做完了吗?

Nǐ zuò wánle ma

니 쭈어 완러 마

아직 다 못했어요.

我还没做完。

Wǒ hái méi zuòwán

워 하이 메이 쭈어완

▶ 08 대화 다시듣기

A: 요즘 많이 바쁘신가 봐요? ☐ ☐ ☐

B: 아이고, 요즘 회사에서 야근을 자주해서 조금 바빠요.

>> 녹음을 듣고 소리내어 읽어보세요?

Mini Talk

A: 他是你男朋友吗?

Tā shì nǐ nánpéngyou ma

타 스 니 난펑여우 마

그 남자가 남자친구니?

B: 我哪儿有男朋友啊。

Wǒ nǎr yǒu nánpéngyou a

워 날 여우 난펑여우 아

내가 남자친구가 어디 있어.

Check Point!

남녀 사이의 데이트를 约会(yuēhuì)라고 하는데 중국의 젊은이들은 데이트 방식은 대체로 우리와 다를 바가 없습니다. 만나서 함께 영화를 보러 가기도 하고 공원에 놀러 가기도 하며 즐겁게 식사를 하기도 합니다. 친구를 사귀는 것을 交朋友(jiāo péngyou)라고 하고 남녀가 사귀는 것을 交往 (jiāowǎng)라고 합니다. 또한 사랑한다고 말할 때는 我爱你(Wǒ ài nǐ)라고 합니다.

그는 제 친한 친구예요.

他是我的好朋友。

Tā shì wǒ de hǎo péngyou

타 스 워 더 하오 펑여우

우린 친한 친구잖아.

我们是好朋友。

Wǒmen shì hǎo péngyǒu

워먼 스 하오 펑여우

날 어떻게 생각해요?

你觉得我怎么样?

Nǐ juéde wǒ zěnmeyàng

니 쥐에더 워 전머양

너를 사랑해!

我爱你!

Wǒ ài nǐ

워 아이 니

사실 널 정말 사랑해.

说实话，我是真爱你。

Shuō shíhuà, wǒ shì zhēn ài nǐ

수어 스후아, 워 스 쩐 아이 니

널 무척 좋아해.

我非常喜欢你。

Wǒ fēicháng xǐhuan nǐ

워 페이창 시후안 니

▶ **09 대화 다시듣기**

A: 그 남자가 남자친구니?

B: 내가 남자친구가 어디 있어.

□ □ □

92

Unit 10 결혼에 대해 말할 때

>> 녹음을 듣고 소리내어 읽어보세요?

Mini Talk

A: 你们俩怎么认识的?

Nǐmen liǎ zěnme rènshi de

니먼 리아 전머 런스 더

두 분은 어떻게 만나셨어요?

B: 是朋友介绍的。

Shì péngyou jièshào de

스 펑여우 지에샤오 더

친구가 소개해줬어요.

TIP!

Check Point!

중국의 결혼식은 대형식당이나 호텔을 빌려 치릅니다. 결혼식을 올리기 전에 신랑과 신부를 태운 자동차가 도착하면 폭죽을 터트리는 풍습이 있습니다. 결혼식은 주례가 없고 양가 부모님께 인사하고 인사말을 건넨 후 신랑과 신부가 손님이 앉아 있는 자리를 돌며 술을 권하며 인사하곤 합니다. 결혼했냐고 물어볼 때는 你成家了吗(Nǐ chéngjiā le ma)?라고 합니다.

결혼하셨어요?

你成家了吗?

Nǐ chéngjiā le ma
니 청지아 러 마

결혼한 지 얼마나 됐어요?

你们结婚多长时间了?

Nǐmen jiéhūn duō cháng shíjiān le
니먼 지에훈 뚜어 창 스지엔 러

저희 결혼식에 와주세요.

请你参加我们的婚礼。

Qǐng nǐ cānjiā wǒmen de hūnlǐ
칭 니 찬지아 워먼 더 훈리

신혼여행은 어디로 가세요?

你们去哪儿度蜜月呢?

Nǐmen qù nǎr dù mìyuè ne
니먼 취 날 뚜 미위에 너

저 이번에 결혼해요.

我要结婚了。

Wǒ yào jiéhūn le
워 야오 지에훈 러

난 이미 결혼했어요.

我已经结婚了。

Wǒ yǐjīng jiéhūn le
워 이징 지에훈 러

▶ **10 대화 다시듣기**

A: 두 분은 어떻게 만나셨어요?

B: 친구가 소개해줬어요.

☐ ☐ ☐

Unit 11 가족에 대해 말할 때

>> 녹음을 듣고 소리내어 읽어보세요?

Mini Talk

A: 你家有几口人?

Nǐ jiā yǒu jǐkǒu rén

니 지아 여우 지커우 런

가족이 몇 분이세요?

B: 我家有四口人。

Wǒ jiā yǒu sì kǒu rén

워 지아 여우 쓰 커우 런

4식구입니다.

Check Point!

예전에 중국은 인구의 급격한 팽창을 억제하기 위해 '한 가정 한 자녀 정책'을 시행한 적이 있습니다. 도시에 거주하는 가정은 대부분 자녀가 한 명뿐이라 이런 아이들은 '소황제' 즉 小皇帝(xiǎo huángdì)라고 불릴 만큼 가족들의 사랑을 독차지하며 자라 사회적 문제가 되기도 합니다. 이런 외둥이들이 성인이 되어 결혼하면 자녀를 두 명까지 낳을 수 있도록 배려해줍니다.

가족은 몇 분이나 되세요?

请问，你家有几口人?

Qǐngwèn, nǐ jiā yǒu jǐkǒu rén
칭원, 니 지아 여우 지커우 런

가족이 누구누구세요?

你家都有什么人?

Nǐ jiā dōu yǒu shénme rén
니 지아 떠우 여우 션머 런

아이들은 몇 명이나 되세요?

你有几个孩子?

Nǐ yǒu jǐgè háizi
니 여우 지거 하이즈

난 독자예요. 당신은요?

我是独生子，你呢?

Wǒ shì dúshēngzǐ, nǐ ne
워 스 두셩즈, 니 너

부모님과 함께 사세요?

跟父母一起住吗?

Gēn fùmǔ yìqǐ zhù ma
끄언 푸무 이치 쭈 마

형제가 몇 분이세요?

有几个兄弟?

Yǒu jǐgè xiōngdì
여우 지거 시옹띠

▶ 11 대화 다시듣기

A: 가족이 몇 분이세요?　　□ □ □

B: 4식구입니다.

Unit 12 취미와 여가에 대해 말할 때

>> 녹음을 듣고 소리내어 읽어보세요?

Mini Talk

A: 你丈夫的爱好是什么?

Nǐ zhàngfu de àihào shì shénme

니 짱푸 더 아이하오 스 션머

남편의 취미는 뭐니?

B: 他对钓鱼产生了兴趣。你丈夫呢?

Tā duì diàoyú chǎnshēng le xìngqù. Nǐ zhàngfu ne

타 뚜에이 띠아오위 찬성 러 싱취. 니 짱푸 너

그이는 낚시에
취미를 가지게 되었어.
네 남편은?

Check Point!

'취미'는 중국어로 爱好(àihào)입니다. 취미를 소개하는 표현 가운데 '애호가'
란 의미로 ~迷(mí)라고 말하는 사람들이 있는데 예를 들어 '축구팬'이라면 球迷
(qiúmí)라고 합니다. 아침이면 태극권을 수련하거나 운동하는 사람들이 많고 공
원에 가면 새를 기르거나 전통 악기를 연주하는 등 다양한 취미를 가진 사람들을
만나볼 수 있습니다.

어떤 취미가 있으세요?

你有什么爱好?

Nǐ yǒu shénme àihǎo
니 여우 션머 아이하오

제 취미는 음악감상이에요.

我对欣赏音乐感兴趣。

Wǒ duì xīnshǎng yīnyuè gǎn xìngqù
워 뚜에이 신샹 인위에 간 싱취

그건 내 취향에 맞지 않아요.

这个不合我口味。

Zhège bùhé wǒ kǒuwèi
쩌거 뿌흐어 워 커우웨이

여가시간에 어떤 취미가 있으세요?

您业余时间有什么爱好?

Nín yèyú shíjiān yǒu shénme àihào
닌 이에위 스지엔 여우 션머 아이하오

평소 어떤 일을 하면서 시간을 보내세요?

平时你做什么打发时间?

Píngshí nǐ zuò shénme dǎfa shíjiān
핑스 니 쭈어 션머 다파 스지엔

등산 좋아하세요?

你喜欢爬山吗?

Nǐ xǐhuan páshān ma
니 시후안 파샨 마

▶ 12 대화 다시듣기

A: 남편의 취미는 뭐니?

B: 그이는 낚시에 취미를 가지게 되었어. 네 남편은?

98

>> 녹음을 듣고 소리내어 읽어보세요?

Mini Talk

A: 你先唱一首吧。

Nǐ xiān chàng yì shǒu ba

니 시엔 창 이 셔우 바

노래 한 곡 해봐!

B: 我唱得不好听。

Wǒ chàng de bù hǎotīng

워 창 더 뿌 하오팅

안 돼. 난 노래 못해.

Check Point!

중국에서는 사람들이 삼삼오오 둘러앉아 '포커'를 하거나 打扑克牌(dǎ pūkèpái), '마작'을 두는 打麻将(dǎ májiàng) 모습을 볼 수 있습니다. 여기서 打(dǎ)는 '치다, 하다'의 의미입니다. 또 회식을 하거나 친구들이 모였을 때 노래방이나 나이트클럽에 가기도 하는데 '노래방'은 卡拉OK(kǎlāOK) 또는 歌厅(gētīng), 나이트클럽은 夜总会(yèzǒnghuì)이라고 합니다.

이 근처에 가라오케는 있어요?

这附近有卡拉OK吗?

Zhè fùjìn yǒu kǎlaOK ma
쩌 푸찐 여우 카라오케 마

한국 노래를 할 줄 아세요?

你会唱韩国歌吗?

Nǐ huì chàng Hánguó gē ma
니 후에이 창 한구어 끄어 마

무슨 노래를 부르시겠어요?

你唱什么歌?

Nǐ chàng shénme gē
니 창 션머 끄어

당신이 선곡하세요?

你来选歌吧?

Nǐ lái xuǎn gē bā
니 라이 쉬엔 끄어 바

함께 춤을 출까요?

可以和我跳个舞么?

Kěyǐ hé wǒ tiào gè wǔ me
크어이 흐어 워 티아오 거 우 머

마작 할 줄 아세요?

你会打麻将吗?

Nǐ huì dǎ májiàng ma
니 후에이 다 마지앙 마

> **13 대화 다시듣기**

A: 노래 한 곡 해봐!

B: 안 돼. 난 노래 못해.

>> 녹음을 듣고 소리내어 읽어보세요?

Mini Talk

A: 你喜欢读什么样的书?

Nǐ xǐhuan dú shénmeyàng de shū

니 시후안 두 션머양 더 수

어떤 책을 즐겨 읽으십니까?

B: 我喜欢在地铁上读小说。

Wǒ xǐhuan zài dìtiě shàng dú xiǎoshuō

워 시후안 짜이 띠티에 샹 두 시아오수어

저는 지하철에서 소설을 즐겨 봅니다.

Check Point!

중국의 대형 서점에 가면 규모에 압도당하는데 카트에 책을 가득 담아가는 사람들을 많이 볼 수 있습니다. 베스트셀러를 畅销书(chàngxiāoshū)라고 하는데 주로 실용서인 工具书(gōngjùshū)를 많이 찾습니다. 영어교재나 재테크 관련 서적이 인기가 많고 자녀 교육을 위한 참고서나 교재도 많이 선호합니다. 신문은 报纸(bàozhǐ), 잡지를 杂志(zázhì)라고 합니다.

101

책을 많이 읽으세요?

看得多吗?

Kàn de duō ma
칸 더 뚜어 마

이 책 읽어 봤어요?

你读过这本书吗?

Nǐ dú guo zhè běn shū ma
니 두 구어 쩌 번 수 마

어떤 책을 즐겨 읽으세요?

你喜欢读什么样的书?

Nǐ xǐhuan dú shénmeyàng de shū
니 시후안 두 션머양 더 수

좋아하는 작가는 누구세요?

你喜欢的作家是谁?

Nǐ xǐhuan de zuòjiā shì shuí
니 시후안 더 쭈어지아 스 수에이

무슨 신문을 보세요?

你看什么报纸?

Nǐ kàn shénme bàozhǐ
니 칸 션머 빠오즈

집에서 자동차 잡지를 구독해 보고 있어요.

家里订阅汽车杂志。

Jiāli dìngyuè qìchē zázhì
지아리 띵위에 치처 자쯔

▶ **14 대화 다시듣기**

A: 어떤 책을 즐겨 읽으십니까? ☐ ☐ ☐
B: 저는 지하철에서 소설을 즐겨 봅니다.

102

Unit 15 음악과 그림에 대해 말할 때

>> 녹음을 듣고 소리내어 읽어보세요?

Mini Talk

A: 你喜欢看演唱会吗?

Nǐ xǐhuan kàn yǎnchànghuì ma

니 시후안 칸 이엔창후에이 마

콘서트 좋아하니?

B: 我很喜欢看。

Wǒ hěn xǐhuan kàn

워 흐언 시후안 칸

너무 좋아해.

Check Point!

경제가 발전하면서 기본적인 생활고를 해결하고 문화생활을 영위할 수 있을 정도의 부유한 생활을 누리는 사회 즉, 小康社会(xiǎokāngshèhuì)를 추구하면서 음악이나 그림 등 예술에 대한 관심이 높아지고 있습니다. 중국 전통 예술과 서양의 요소를 접목하는 시도도 활발히 일어나고 있습니다. '음악을 듣다'는 听音乐(tīng yīnyuè), '그림을 그리다'는 画(huà)라고 합니다.

103

어떤 음악을 가장 좋아하세요?

你最爱听什么样的音乐?

Nǐ zuì ài tīng shénmeyàng de yīnyuè

니 쭈에이 아이 팅 션머양 더 인위에

이 음악은 내가 좋아하는 장르예요.

这首音乐是我喜欢的类型。

Zhè shǒu yīnyuè shì wǒ xǐhuān de lèixíng

쩌 셔우 인위에 스 워 시후안 더 레이싱

그는 이 음악에 푹 빠졌어요.

她被这首音乐完全迷住了。

Tā bèi zhè shǒu yīnyuè wánquán mízhù le

타 뻬이 쩌 셔우 인위에 완취엔 미쭈 러

난 이 그림이 너무 좋아요.

我好喜欢这幅画。

Wǒ hǎo xǐhuan zhè fú huà

워 하오 시후안 쩌 푸 후아

저 유화 작가는 누구예요?

那幅油画的作者是谁?

Nà fú yóuhuà de zuòjiā shì shuí

나 푸 여우후아 더 쭈어지아 스 수에이

한국 대중가요를 좋아하세요?

你喜欢韩国流行歌曲?

Nǐ xǐhuan Hánguó líuxínggēqǔ

니 시후안 한구어 리우싱끄어취

▶ 15 대화 다시듣기

A: 콘서트 좋아하니? □ □ □

B: 너무 좋아해.

Unit 16 텔레비전과 영화에 대해 말할 때

>> 녹음을 듣고 소리내어 읽어보세요?

Mini Talk

A: 今晚播放什么节目?

Jīnwǎn bōfàng shénme jiémù

진완 뿨어팡 션머 지에무

오늘 저녁 어떤 프로그램이 방송되니?

B: 有电视连续剧《星星在我心》。

Yǒu diànshì liánxùjù <Xīngxīng zài wǒ xīn>

여우 띠엔스 리엔쉬쥐 < 씽씽 짜이 워 씬>

드라마
'별은 내 가슴에'가 있어.

Check Point!

중국의 텔레비전 방송국은 CCTV 이외에 수많은 지방 방송국이 있습니다. 중국 드라마는 대부분 사전에 제작한 후 방영하기 때문에 방송을 기다리지 않고 DVD 나 VCD를 구입해서 보는 사람들이 많습니다. 영화도 마찬가지여서 비싼 영화관에 가지 않고 값싼 불법복제물을 구입해서 돌려보는 사람들이 많아 지적재산권 보호가 큰 사회문제로 대두되었습니다.

어떤 티비 프로를 좋아하세요?

你喜欢哪些电视节目?

Nǐ xǐhuan nǎxiē diànshì jiémù

니 시후안 나시에 띠엔스 지에무

매일 저녁 티비를 보세요?

你每天晚上都看电视吗?

Nǐ měitiān wǎnshang dōu kàn diànshì ma

니 메이티엔 완샹 떠우 칸 띠엔스 마

전 드라마를 좋아해요.

我很喜欢电视剧。

Wǒ hěn xǐhuan diànshìjù

워 흐언 시후안 띠엔스쥐

영화 좋아하세요?

你喜欢看电影吗?

Nǐ xǐhuan kàn diànyǐng ma

니 시후안 칸 띠엔잉 마

좋아하는 영화배우는 누구죠?

你最喜欢的影星是谁?

Nǐ zuì xǐhuan de yǐngxīng shì shuí

니 쭈에이 시후안 더 잉싱 스 수에이

영화는 몇 시에 시작합니까?

电影几点开始演?

Diànyǐng jǐdiǎn kāishǐ yǎn

띠엔잉 지디엔 카이스 이엔

▶ **16 대화 다시듣기**

A: 오늘 저녁 어떤 프로그램이 방송되니?

B: 드라마 '별은 내 가슴에' 가 있어.

106

Unit 17 식욕과 맛에 대해 말할 때

>> 녹음을 듣고 소리내어 읽어보세요?

Mini Talk

A: 味道怎么样，还合你口味吗?

Wèidao zěnmeyàng, hái hé nǐ kǒuwèi ma

웨이다오 전머양, 하이 흐어 니 커우웨이 마

맛이 어때요? 입맛에 맞아요?

B: 太咸了，你放了多少盐!

Tài xián le, nǐ fàng le duōshao yán

타이 시엔 러, 니 팡 러 뚜어샤오 이엔

너무 짜요,
소금을 얼마나 넣은 거야!

Check Point!

중국의 4대 요리라고 하면 지역별로 베이징요리, 상하이요리, 광둥요리와 쓰촨
요리를 꼽습니다. 상하이요리와 광둥요리는 해산물을 많이 사용하고 새콤달콤
한 맛이 나는 반면 내륙지역의 쓰촨요리는 고추나 후추 등 향신료를 많이 사용해
서 맵고 강한 맛이 느껴집니다. 그러나 남방지역 사람들은 매운 음식을 잘 못 먹
지 못합니다.

이건 맛이 어때요?

这个味道怎么样?

Zhège wèidào zěnmeyàng

쩌거 웨이따오 전머양

맛 좀 봐요, 맛이 어때요?

你尝尝看，味道怎么样?

Nǐ chángchang kàn, wèidào zěnmeyàng

니 창창 칸, 웨이따오 전머양

맛있어요.

很好吃。

Hěn hǎochī

흐언 하오츠

전 먹는 걸 안 가려요.

我不挑食。

Wǒ bù tiāoshí

워 뿌 티아오스

매운 음식 좋아하세요?

你喜欢吃辣吗?

Nǐ xǐhuan chī là ma

니 시후안 츠 라 마

오늘 음식은 별로예요.

今天没有什么菜。

Jīntiān méiyǒu shénme cai

진티엔 메이여우 선머 차이

▶ **17 대화 다시듣기**

A: 맛이 어때요? 입맛에 맞아요?

B: 너무 짜요, 소금을 얼마나 넣은 거야!

□ □ □

108

Unit 18 건강에 대해 말할 때

>> 녹음을 듣고 소리내어 읽어보세요?

Mini Talk

A: 最近你身体好吗?

Zuìjìn nǐ shēntǐ hǎo ma

쭈에이진 니 션티 하오 마

요즘 건강은 어떠세요?

B: 还行。

Hái xíng

하이 싱

괜찮습니다.

Check Point!

중국인들도 건강에 대한 관심이 높아 특별히 아픈 곳이 없어도 몸에 좋은 약을 찾아 먹는 사람들이 많습니다. 이런 보약을 补药(bǔyào)라고 합니다. 또 예부터 인삼 人参(rénshēn)이 몸에 좋다고 믿어 한국을 방문한 중국인들이 인삼이나 홍삼제품을 많이 구입합니다. 건강을 위해 운동하는 것을 锻炼身体(duànliàn shēnti)라고 합니다.

건강은 어떠세요?

你身体好吗?

Nǐ shēntǐ hǎo ma

니 션티 하오 마

안색이 안 좋아 보여요.

我看你脸色不好。

Wǒ kàn nǐ liǎnsè bùhǎo

워 칸 니 리엔써 뿌하오

요 며칠 몸이 좋지않아요.

这几天身体不太舒服。

Zhè jǐtiān shēntǐ bú tài shūfu

쩌 지티엔 션티 부 타이 수푸

건강보다 중요한 게 없어요.

没有比健康更重要的。

Méiyǒu bǐ jiànkāng gèng zhòngyào de

메이여우 비 지엔캉 끄엉 쫑야오 더

좀 쉬도록 하세요.

休息休息吧。

Xiūxi xiūxi ba

시우시 시우시 바

빨리 건강을 회복하세요.

祝你早日恢复健康。

Zhù nǐ zǎorì huīfù jiànkāng

쭈 니 자오르 후에이푸 지엔캉

▶ 18 대화 다시듣기

A: 요즘 건강은 어떠세요?

B: 괜찮습니다.

110

Unit 19 스포츠와 레저에 대해 말할 때

>> 녹음을 듣고 소리내어 읽어보세요?

Mini Talk

A: 你喜欢打高尔夫球吗?

Nǐ xǐhuan dǎ gāo'ěrfūqiú ma

니 시후안 다 까오얼푸치우 마

골프를 좋아하십니까?

B: 喜欢是喜欢, 不过打得不太好。

Xǐhuan shì xǐhuan, búguò dǎ de bútài hǎo

시후안 스 시후안,
부꾸어 다 더 부타이 하오

좋아하긴 하는데
잘 못 칩니다.

Check Point!

중국인들에게 인기 있는 스포츠 종목으로는 축구(足球zúqiú)를 들 수 있을
겁니다. 중국에도 프로 축구팀이 있어 그들의 시합은 늘 사람들의 화젯거리
가 되곤 합니다. 중국 축구 국가대표팀이 한국을 한 번도 이기지 못해 恐韩症
(kǒnghánzhèng)이 있다고 하는데 그래서 매번 경기를 치를 때마다 혼신의 힘
을 다하지 않은 선수들을 질타하곤 합니다.

어떤 운동을 좋아하세요?

你喜欢什么运动?

Nǐ xǐhuan shénme yùndòng

니 시후안 션머 윈똥

난 운동을 좋아해요.

我很喜欢运动。

Wǒ hěn xǐhuān yùndòng

워 흐언 시후안 윈똥

난 운동을 별로 안 좋아해요.

我不太喜欢运动。

Wǒ bútài xǐhuan yùndòng

워 부타이 시후안 윈똥

어떤 운동을 할 줄 아세요?

你会做什么运动?

Nǐ huì zuò shénme yùndòng

니 후에이 쭈어 션머 윈똥

운동선수이세요?

你是运动员吗?

Nǐ shì yùndòngyuán ma

니 스 윈똥위엔 마

하루에 운동은 얼마나 하세요?

你一天运动量多少?

Nǐ yìtiān yùndòngliáng duōshǎo

이 이티엔 윈똥리앙 뚜어샤오

▶ **19 대화 다시듣기**

A: 골프를 좋아하십니까?

B: 좋아하긴 하는데 잘 못 칩니다.

□ □ □

20 외모에 대해 말할 때

>> 녹음을 듣고 소리내어 읽어보세요?

A: 你喜欢什么样的男人?

Nǐ xǐhuan shénmeyàng de nánrén

니 시후안 션머양 더 난런

어떤 남자를 좋아하죠?

B: 我喜欢又高又帅, 人品又好的
男人。

Wǒ xǐhuan yòu gāo yòu shuài, rénpǐn yòu hǎo de nánrén

워 시후안 여우 까오 여우 수아이,
런핀 여우 하오 더 난런

키 크고 잘생기고 인품도 좋은
남자가 좋아요.

Check Point!

중국인은 남에게 보이는 겉모습을 중요하게 생각하지 않고 다른 사람의 외모를
탓하거나 신경 쓰지도 않지만 경제력이 향상되고 취업경쟁이 치열해지면서 외
모에 대한 관심이 높아지고 있습니다. 이에 대한 반증으로 성형수술과 패션이나
피부, 머리모양을 신경 쓰는 등 개인의 形象(xíngxiàng 이미지)을 개선하려는 노
력을 하고 있습니다.

키가 어떻게 되죠?

你身高有多高?

Nǐ shēngāo yǒu duō gāo
니 션까오 여우 뚜어 까오

몸무게가 어떻게 되죠?

体重是多少?

Tǐzhòng shì duōshao
티쫑 스 뚜어샤오

정말 부러워요, 그렇게 날씬하다니!

真羡慕你，那么苗条!

Zhēn xiànmù nǐ, nàme miáotiao
쩐 시엔무 니, 나머 미아오티아오

그녀는 정말 예쁘군요!

她真漂亮啊!

Tā zhēn piāoliàng a
타 쩐 피아오리앙 아

그 사람은 어떻게 생겼어요?

他长得怎么样?

Tā zhǎng de zěnmeyàng
타 장 더 전머양

외모는 별로 중요하지 않아요.

外貌不怎么重要的。

Wàimào bù zěnme zhòngyào de
와이마오 뿌 전머 쫑야오 더

▶ 20 대화 다시듣기

A: 어떤 남자를 좋아하죠?
B: 키 크고 잘생기고 인품도 좋은 남자가 좋아요.

114

패션에 대해 말할 때

>> 녹음을 듣고 소리내어 읽어보세요?

Mini Talk

A: 这种款式适合我吗?

Zhè zhǒng kuǎnshì shìhé wǒ ma

쩌 종 쿠안스 스흐어 워 마

이런 스타일이 제게 어울리나요?

B: 还可以, 挺合适的。

Hái kěyǐ, tǐng héshì de

하이 크어이, 팅 흐어스 더

괜찮아요,

아주 잘 어울려요.

Check Point!

중국 젊은이들도 유행에 민감하고 새로운 스타일을 찾아 한국에서 유행하는 패션이 그대로 옮겨가기도 합니다. 중국에 다녀올 일이 있다면 자신에게 잘 어울리는 전통의상인 唐装(tángzhuāng)이나 旗袍(qípáo)를 구입하는 것도 괜찮습니다. 우리나라의 개량한복과 비슷하지만 중국 전통의 문화가 살아있어 개성 있는 옷차림을 연출할 수 있습니다.

115

이런 스타일이 제게 어울려요?

这种款式适合我吗?

Zhè zhǒng kuǎnshì shìhé wǒ ma

쩌 종 쿠안스 스흐어 워 마

당신은 뭘 입어도 잘 어울리네요.

你穿什么都很合适。

Nǐ chuān shénme dōu hěn héshì

니 추안 션머 떠우 흐언 흐어스

전 옷차림에 신경을 써요.

我穿衣服很讲究。

Wǒ chuān yīfu hěn jiǎngjiu

워 추안 이푸 흐언 지앙지우

오늘 정말 멋진데요.

你今天真是太潇洒了。

Nǐ jīntiān zhēn shì tài xiāosǎ le

니 진티엔 쩐 스 타이 시아오싸 러

요즘은 어떤 스타일이 유행이죠?

最近流行什么样式的?

Zuìjìn liúxíng shénme yàngshì de

쭈에이진 리우싱 션머 이앙스 더

이게 지금 유행하는 패션입니다.

这是现在流行的时装。

Zhè shì xiànzài liúxíng de shízhuāng

쩌 스 시엔짜이 리우싱 더 스주앙

> **21 대화 다시듣기**

A: 이런 스타일이 제게 어울리나요?

B: 괜찮아요, 아주 잘 어울려요.

□ □ □

Unit 22 성격에 대해 말할 때

>> 녹음을 듣고 소리내어 읽어보세요?

Mini Talk

A: 我看那个小伙子心眼儿不错。

Wǒ kàn nàge xiǎohuǒzi xīnyǎnr búcuò

워 칸 나거 시아오후어즈 신이알 부추어

제가 보기엔 저 친구기 마음씨가 좋을 것 같아요.

B: 我也这么觉得。

Wǒ yě zhème juéde

워 이에 쩌머 쥐에더

저도 그렇게 생각되어요.

Check Point!

사람의 성격은 性格(xìnggé)라고 합니다. 어떤 사람의 성격을 물을 땐 他的性格怎么样(Tā de xìnggé zěnmeyàng)?이라고 하면 됩니다. 지역에 따라 사람의 성격이나 기질을 분류하기도 하는데 예를 들어 베이징 사람은 호방하고 체면을 중요하게 생각하는 반면 상하이 사람은 실리를 따지고 경제에 민감한 편입니다. 성격이 어떻냐고 물을 때는 ~性格怎么样(~xìnggé zěnmeyàng)?라고 합니다.

그이는 성격이 어때요?

他的性格怎么样?

Tā de xìnggé zěnmeyàng

타 더 싱거 전머양

제 성격은 약간 내성적이에요.

我的性格有点儿内向。

Wǒ de xìnggé yǒudiǎnr nèixiàng

워 더 싱거 여우디알 네이시앙

그녀의 성격은 정말 이상해요.

她的脾气真奇怪。

Tā de píqì zhēn qíguài

타 더 피치 쩐 치구아이

저는 쾌활한 편입니다.

我这个人比较开朗。

Wǒ zhège rén bǐjiào kāilǎng

워 쩌거 런 비지아오 카이랑

그는 뒤끝이 없는 사람이야.

他是个不记仇的人。

Tā shì ge bú jìchóu de rén

타 스 거 부 지처우 더 런

넌 성격이 정말 까다롭구나.

你的性格可真乖僻呀。

Nǐ de xìnggé kězhēn guāipì ya

니 더 싱거 크어쩐 구아이피 야

▶ 22 대화 다시듣기

A: 제가 보기엔 저 친구가 마음씨가 좋을 것 같아요. ☐ ☐ ☐

B: 저도 그렇게 생각되어요.

Unit 23 태도에 대해 말할 때

>> 녹음을 듣고 소리내어 읽어보세요?

Mini Talk

A: 他的为人怎么样?

Tā de wéirén zěnmeyàng

타 더 웨이런 전머양

그 사람 됨됨이는 어때요?

B: 他很老实, 工作也非常认真。

Tā hěn lǎoshi, gōngzuò yě fēicháng rènzhēn

타 흐언 라오스, 꽁주어 이에 페이창 런쩐

성실하고 일도 열심히 해요.

Check Point!

중국어는 높임말이 없고 호칭도 자유로운 편이라서 회사의 상사와 말단 직원도 마치 친구처럼 편하게 이야기합니다. 그래서 옆에서 보면 누가 상사인지 잘 구별 하기 힘들 때도 있습니다. 하지만 그렇다고 무례하게 대하는 것은 아닙니다. '사 람이 참 좋다'라고 됨됨이를 이야기할 때 他人很好(tā rén hěn hǎo) 또는 他为 人很好(tā wéirén hěn hǎo)라고 합니다.

그 사람 됨됨이는 어때요?

他的为人怎么样?

Tā de wéirén zěnmeyàng

타 더 웨이런 전머양

모두 그 사람을 좋아해요.

大家都喜欢他。

Dàjiā dōu xǐhuan tā

따지아 떠우 시후안 타

저 사람은 정말 믿을만해요.

那个人真可靠。

Nà ge rén zhēn kěkào

나 거 런 쩐 크어카오

그 사람은 대단히 성실해요.

他工作非常认真。

Tā gōngzuò fēicháng rènzhēn

타 꽁쭈어 페이창 런쩐

그 사람은 안하무인이야.

他目中无人。

Tā mùzhōngwúrén

타 무쫑우런

그 사람은 예의가 전혀 없는 사람이야.

他是一点儿也没有礼貌的人

Tā shì yìdiǎnr yě méiyǒu lǐmào de rén

타 스 이디알 이에 메이여우 리마오 더 런

> **23 대화 다시듣기**

A: 그 사람 됨됨이는 어때요?

B: 성실하고 일도 열심히 해요.

120

Unit 24 음주와 흡연에 대해 말할 때

>> 녹음을 듣고 소리내어 읽어보세요?

Mini Talk

A: 你今天怎么不喝酒?

Nǐ jīntiān zěnme bù hējiǔ
니 진티엔 전머 뿌 흐어지우

너 오늘 왜 술을 마시지 않니?

B: 我把酒戒了。

Wǒ bǎ jiǔ jiè le
워 바 지우 지에 러

나 이제 술을 끊었어.

Check Point!

중국인은 음주와 흡연에 대해 비교적 관대한 편입니다. 청소년들도 별 제약 없이 술이나 담배를 살 수 있어 중국에서 공부하는 유학생들이 주의해야 합니다. 건강에 대한 관심이 높아지면서 술이나 담배를 끊는 사람들도 많아졌는데 이렇게 '금주하다' 또는 '금연하다'라는 표현은 把酒戒了(bǎ jiǔ jiè le), 把烟戒了(bǎ yān jiè le)라고 말합니다.

평소에 어느 정도 마셔요?

你一般喝多少?

Nǐ yìbān hē duōshao

니 이빤 흐어 뚜어샤오

전 술을 별로 안 마셔요.

我酒量不好。

Wǒ jiǔliàng bùhǎo

워 지우리앙 뿌하오

전 한 잔만 마셔도 얼굴이 빨개져요.

我一喝酒就脸红。

Wǒ yì hējiǔ jiù liǎn hóng

워 이 흐어지우 지우 리엔 홍

술을 못 이겨요.

不胜酒力。

Búshèngjiǔlì

부셩지우리

여기서 담배를 피워도 괜찮습니까?

这里可以抽烟吗?

Zhèli kěyǐ chōuyān ma

쩌리 크어이 처우이엔 마

전 술 담배를 할 줄 몰라요.

我不会抽烟喝酒。

Wǒ búhuì chōuyān hējiǔ

워 부후에이 처우이엔 흐어지우

▶ 24 대화 다시듣기

A: 너 오늘 왜 술을 마시지 않니?

B: 나 이제 술을 끊었어.

□ □ □

122

Unit 25 중국 생활에 대해 말할 때

>> 녹음을 듣고 소리내어 읽어보세요?

Mini Talk

A: 在中国生活，饮食方面习惯吗?

Zài Zhōngguó shēnghuó, yǐnshí fāngmiàn xíguàn ma

짜이 쭝구어 성후어, 인스 팡미엔 시구안 마

중국 생활하면서 음식은 입에 맞나요?

B: 我原来就喜欢吃中国菜。

Wǒ yuánlái jiù xǐhuan chī Zhōngguócài

워 위엔라이 지우 시후안 츠 쭝구어차이

전 원래 중국음식을 좋아해요.

Check Point!

중국과 수교한 이후 중국에 거주하는 한국 교민은 갈수록 증가하고 있습니다. 베이징의 望京(Wàngjīng) 지역은 '작은 한국'이라고 할 만큼 한국 교민이 많이 사는데 이곳에서는 중국어를 하지 않아도 생활에 불편이 없을 정도입니다. 유학생들도 중국에서 학업을 마친 후 현지에 남아 한국계 회사에 취업하거나 외국회사에 입사해서 정착하는 비율이 늘어나고 있습니다.

중국엔 언제 오셨어요?

你是什么时候来中国的?

Nǐ shì shénmeshíhòu lái Zhōngguó de

니 스 션머스허우 라이 쭝구어 더

중국에서는 어떻게 지내세요?

在中国，过得怎么样?

Zài Zhōngguó, guò de zěnmeyàng

짜이 쭝구어, 꾸어 더 전머양

중국 생활은 어떠세요?

在中国生活怎么样?

Zài Zhōngguó shēnghuó zěnmeyàng

짜이 쭝구어 성후어 전머양

몇 년도에 중국에 왔어요?

你是哪一年到中国的?

Nǐ shì nǎ yìnián dào Zhōngguó de

니 스 나 이니엔 따오 쭝구어 더

베이징에 얼마나 사셨어요?

你在北京住了多久了?

Nǐ zài Běijīng zhù le duōjiǔ le

니 짜이 베이징 쭈 러 뚜어지우 러

중국 생활하면서 음식은 입에 맞나요?

在中国生活，饮食方面习惯吗?

Zài Zhōngguó shēnghuó, yǐnshí fāngmiàn xíguàn ma

짜이 쭝구어 성후어, 인스 팡미엔 시꾸안 마

> 25 대화 다시듣기

A: 중국 생활하면서 음식은 입에 맞나요?

B: 전 원래 중국음식을 좋아해요.

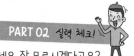
❋ 앞에서 배운 대화 내용입니다. 한글을 중국어로 말해보세요. 잘 모르시겠다고요? 걱정마세요. 녹음이 있잖아요. 그리고 정답은 각 유닛에서 확인하세요.

01 A: 请问, 지금 몇 시죠?
  B: 差五分十二点。

02 A: 오늘 몇 월 며칠이니?
  B: 今天是十月一号。

03 A: 어떤 날씨를 좋아해요?
  B: 我不太喜欢这种干燥的天气。

04 A: 请问, 올해 몇 세요?
  B: 我今年三十五岁了。

05 A: 당신은 학생입니까?
  B: 不是, 我是公司职员。

06 A: 오늘 수업이 몇 과목이죠?
  B: 有四门课, 下午两点下课。

07 A: 어디에서 일하세요?
  B: 我在银行工作。

08 A: 你这几天是不是很忙?
  B: 啊, 这几天公司总加班, 조금 바빠요.

09 A: 그 남자가 남자친구니?
  B: 我哪儿有男朋友啊。

10 A: 두 분은 어떻게 만나셨어요?
  B: 是朋友介绍的。

11 A: 가족이 몇 분이세요?
  B: 我家有四口人。

12 A: 你丈夫的爱好是什么?
  B: 그이는 낚시에 취미를 가지게 되었어. 你丈夫呢?

13 A: 노래 한 곡 해봐!
    B: 我唱得不好听。

14 A: 어떤 책을 즐겨 읽으십니까?
    B: 我喜欢在地铁上读小说。

15 A: 你喜欢看演唱会吗?
    B: 너무 좋아해.

16 A: 오늘 저녁 어떤 프로그램이 방송되니?
    B: 有电视连续剧《星星在我心》。

17 A: 味道怎么样, 입맛에 맞아요?
    B: 太咸了, 你放了多少盐!

18 A: 最近 건강은 어떠세요?
    B: 还行。

19 A: 골프를 좋아하십니까?
    B: 喜欢是喜欢, 不过打得不太好。

20 A: 어떤 남자를 좋아하죠?
    B: 我喜欢又高又帅, 人品又好的男人。

21 A: 这种款式适合我吗?
    B: 还可以, 아주 잘 어울려요.

22 A: 제가 보기엔 제 친구가 마음씨가 좋을 것 같아요.
    B: 我也这么觉得。

23 A: 그 사람 됨됨이는 어때요?
    B: 他很老实, 工作也非常认真。

24 A: 你今天怎么不喝酒?
    B: 나 이제 술을 끊었어.

25 A: 중국 생활하면서 음식은 입에 맞나요?
    B: 我原来就喜欢吃中国菜。

做得好!

126

PART
03

일상생활·여행 표현

Expression

Unit 01 길을 물을 때

>> 녹음을 듣고 소리내어 읽어보세요?

Mini Talk

A: **请问这是什么地方?**

Qǐngwèn zhè shì shénme dìfang

칭원 쩌 스 션머 띠팡

이곳은 어디입니까?

B: **这里是王府井大街。**

Zhèlǐ shì Wángfǔjǐng dàjiē

쩌리 스 왕푸징 따지에

이곳은 왕푸징 거리입니다.

Check Point!

중국에서 혼자 길을 찾아가는 것은 쉽지 않지만 베이징이나 상하이 같은 대도시는 대중교통이 발달해서 지도와 안내문을 잘 보면 어렵지 않게 목적지를 찾아갈 수 있습니다. 지나가는 사람에게 길을 물어봐야 할 때는 먼저 麻烦你(máfan nǐ), 对不起(duìbuqǐ), 请问(qǐngwèn)과 같이 '실례합니다, 말씀 좀 물을게요'라고 말하면서 질문을 시작하면 됩니다.

실례합니다. 잠깐 여쭙겠습니다.

对不起，请问一下。

Duìbuqǐ, qǐngwèn yíxià
뚜에이부치, 칭원 이시아

천안문까지 어떻게 가죠?

到天安门怎么走?

Dào Tiān'ānmén zěnme zǒu
따오 티엔안먼 전머 저우

여기에서 멀어요?

离这儿远吗?

Lí zhèr yuǎn ma
리 쩔 위엔 마

지하철역은 어떻게 가죠?

地铁站怎么走?

Dìtiězhàn zěnme zǒu
띠티에짠 전머 저우

거긴 어떻게 가죠?

去那儿怎么走?

Qù nàr zěnme zǒu
취 날 전머 저우

저도 같은 방향으로 가는 길입니다.

我正好和你同路。

Wǒ zhènghǎo hé nǐ tónglù
워 쩡하오 흐어 니 통루

▶ 01 대화 다시듣기

A: 이곳은 어디입니까?
B: 이곳은 왕푸징 거리입니다.

Unit 02 길을 잃었을 때

>> 녹음을 듣고 소리내어 읽어보세요?

Mini Talk

A: 我要去颐和园, 可是我迷路了。

Wǒ yào qù Yíhéyuán, kěshì wǒ mílù le

워 야오 취 이흐어위엔, 크어스 워 미루 러

이화원에 가려고 하는데 길을 잃었어요.

B: 不好意思, 我也不是本地人。

Bùhǎoyìsi, wǒ yě búshì běndìrén

뿌하오이쓰, 워 이에 부스 번띠런

미안합니다,
저도 여기 사람이 아니에요.

Check Point!

한번쯤은 여행을 하다 길을 잃어버려 당황한 경험이 있을 겁니다. 중국어로 길을
잃었다는 표현은 迷路(mílù)라고 합니다. 我迷路了(wǒ mílù le)라고 하면 길을
잃어버렸을 때도 쓰고 생각을 종잡을 수 없어 혼란스러울 때도 은유적으로 쓸 수
있습니다. 길을 잃어버렸을 때 '이곳은 어디인가요?'라고 물어보려면 这是什么
地方(zhè shì shénme dìfang)?이라고 합니다.

제가 길을 잘못 들었나요?

是我走错了吗?

Shì wǒ zǒu cuòle ma
스 워 저우 추어러 마

길을 잃었어요.

我迷路了。

Wǒ mílù le
워 미루 러

어디에 가시죠?

去哪里?

Qù nǎli
취 나리

길을 잘못 드셨네요.

你走错路了。

Nǐ zǒu cuò lù le
니 저우 추어 루 러

이 길이 아닌가요?

不是这条路吗?

Bú shì zhè tiáo lù ma
부 스 쩌 티아오 루 마

차를 잘못 타셨어요.

你搭错车了。

Nǐ dā cuò chē le
니 따 추어 처 러

▶ **02 대화 다시듣기**

A: 이화원에 가려고 하는데 길을 잃었어요.　　□ □ □

B: 미안합니다, 저도 여기 사람이 아니에요.

132

>> 녹음을 듣고 소리내어 읽어보세요?

Mini Talk

A: 师傅, 去北京饭店。

Shīfu, qù Běijīng fàndiàn

스푸, 취 베이징 판띠엔

기사님, 베이징호텔로 가주세요.

B: 好的, 你要走哪条路?

Hǎode, nǐ yào zǒu nǎ tiáo lù

하오더, 니 야오 저우 나 티아오 루

네, 어떤 길로 갈까요?

Check Point!

택시는 중국어로 出租车(chūzūchē)라고 하는데 영어 TAXI를 음역해서 的
士(díshì)라고 부르기도 합니다. '택시를 타다'라고 하려면 坐出租车(zuò
chūzūchē)라고 하거나 打车(dǎchē) 또는 打的(dǎdí)라고 합니다. 보통 차량을
운전하는 기사를 司机(sījī)라고 하지만 택시기사를 师傅(shīfu)라고 부릅니다.
목적지를 말할 때는 师傅, 去(Shīfu, qù) ~라고 합니다.

133

어디서 택시를 탈 수 있습니까?

在哪里能坐出租车?

Zài nǎli néng zuò chūzūchē

짜이 나리 넝 쭈어 추쭈처

트렁크 좀 열어 주세요.

请打开后备箱。

Qǐng dǎkāi hòubèixiāng

칭 따카이 허우뻬이시앙

어서 오십시오, 어디 가시죠?

欢迎欢迎，你去哪儿?

Huānyíng huānyíng, nǐ qù nǎr

후안잉 후안잉, 니 취 날

조금 더 천천히 가세요.

请再慢一点。

Qǐng zài màn yìdiǎn

칭 짜이 만 이디엔

저 앞에서 세워주세요.

到前面停车。

Dào qiánmiàn tíngchē

따오 치엔미엔 팅처

다 왔어요, 여기서 세워주세요.

到了，就在这儿停车吧。

Dào le, jiù zài zhèr tíngchē ba

따오 러, 지우 짜이 쩔 팅처 바

▶ 03 대화 다시듣기

A: 기사님, 베이징호텔로 가주세요.   ☐ ☐ ☐
B: 네, 어떤 길로 갈까요?

학습일 / □

>> 녹음을 듣고 소리내어 읽어보세요?

Mini Talk

A: 去前门要坐几路车?

Qù Qiánmén yào zuò jǐlù chē

취 치엔먼 야오 쭈어 지루 처

치엔먼까지 몇 번 버스가 가죠?

B: 没有直达的, 要倒车。

Méiyǒu zhídá de, yào dǎochē

메이여우 즈다 더, 야오 다오처

직접 가는 버스는 없고
환승해야 해요.

Check Point!

중국의 버스 公共汽车(gōnggòngqìchē)는 에어컨이 없는 낡은 버스에서부터 전기로 가는 무궤도열차, 냉난방차, 이층버스 등 종류가 다양합니다. 종류마다 요금도 달라서 동일 요금을 직접 내는 버스도 있고 안내양 售票员(shòupiàoyuán)이 있어 도착지를 말하고 차표를 사는 버스도 있습니다. 버스정류장은 公共汽车站(gōnggòngqìchēzhàn)라고 합니다.

135

버스정류장은 어디에 있어요?

请问，公共汽车站在哪儿?

Qǐngwèn, gōnggòngqìchē zhàn zài nǎr
칭원, 꽁꽁치처 잔 짜이 날

천안문에 가려면 몇 번 버스를 타야 하죠?

去天安门要坐几路车?

Qù Tiān'ānmén yào zuò jǐlù chē
취 티엔안먼 야오 쭈어 지루 처

치엔먼까지 가나요?

这路车到前门吗?

Zhè lù chē dào Qiánmén ma
쩌 루 처 따오 치엔먼 마

천안문까지 몇 정거장이죠?

到天安门还要坐几站?

Dào Tiān'ānmén hái yào zuò jǐ zhàn
따오 티엔안먼 하이 야오 쭈어 지 짠

도착하면 알려주시겠어요?

到了就告诉我，好吗?

Dào le jiù gàosu wǒ, hǎo ma
따오 러 지우 까오쑤 워, 하오 마

저 내릴게요.

我要下车。

Wǒ yào xiàchē
워 야오 시아처

▶ 04 대화 다시듣기

A: 치엔먼까지 몇 번 버스가 가죠?

B: 직접 가는 버스는 없고 환승해야 해요.

□ □ □

136

>> 녹음을 듣고 소리내어 읽어보세요?

Mini Talk

A: 从这里到西直门怎么走?

Cóng zhèli dào Xīzhímén zěnme zǒu

총 쩌리 따오 시즈먼 전머 저우

여기서 시즈먼까지 어떻게 가죠?

B: 坐地铁吧, 地铁最快。

Zuò dìtiě ba, dìtiě zuì kuài

쭈어 띠티에 바, 띠티에 쭈에이 쿠아이

지하철을 타세요,
지하철이 제일 빨라요.

TIP

Check Point!

대도시에는 지하철이 있으며, 구간별로 요금이 달라 도착지를 확인한 후 매표
소에서 표를 구입합니다. 출퇴근시간에는 길이 막혀 택시를 잡기 어렵고 버스
도 사람이 많기 때문에 지하철이 가장 편리할 때가 있습니다. 몇 번 출구로 나가
야할지 몰라 당황스러울 때는 去 ~从几号出口出去(qù ~cóng jǐ hào chūkǒu
chūqù)?라고 물어보면 됩니다.

지하철 노선도 좀 주세요.

请给我一张地铁路线图。

Qǐng gěi wǒ yìzhāng dìtiě lùxiàntú
칭 게이 워 이짱 띠티에 루시엔투

이 근처에 지하철역이 있어요?

这附近有地铁站吗?

Zhè fùjìn yǒu dìtiě zhàn ma
쩌 푸찐 여우 띠티에 짠 마

자동매표기는 어디에 있어요?

自动售票机在哪里?

Zìdòng shòupiàojī zài nǎli
즈똥 셔우피아오지 짜이 나리

어디서 갈아타죠?

在哪儿换乘?

Zài nǎr huànchéng
짜이 날 후안청

다음 역은 어디예요?

下一站是哪里?

Xià yízhàn shì nǎli
시아 이짠 스 나리

어느 역에서 내리죠?

在哪一站下车?

Zài nǎ yízhàn xiàchē
짜이 나 이짠 시아처

▶ **05 대화 다시듣기**

A: 여기서 시 즈먼까지 어떻게 가죠?

B: 지하철을 타세요, 지하철이 제일 빨라요.

□ □ □

Unit 06 열차를 탈 때

>> 녹음을 듣고 소리내어 읽어보세요?

Mini Talk

A: **去北京的列车有座位吗?**
Qù Běijīng de lièchē yǒu zuòwèi ma
취 베이징 더 리에처 여우 쭈어웨이 마

베이징까지 가는 열차표 있나요?

B: **有, 你要几张?**
Yǒu, nǐ yào jǐ zhāng
여우, 니 야오 지 짱

있습니다. 몇 장 필요합니까?

Check Point!

넓은 국토와 다양한 지형을 소유하고 있는 중국에는 철도가 거미줄처럼 깔려 있습니다. 중국 사람들은 장거리를 여행할 때 대부분 기차를 타고 갑니다. 여행거리에 따라 좌석이 다양해서 짧은 거리는 앉아서 가고 시간이 많이 걸릴 경우 침대칸을 이용합니다. 기차여행을 계획할 때는 직접 역에 가거나 여행사를 통해 표를 예매하면 편리합니다.

매표소는 어디에 있죠?

售票处在哪里?

Shòupiàochù zài nǎli

셔우피아오추 짜이 나리

요금은 얼마예요?

票价是多少钱?

Piàojià shì duōshǎo qián

피아오지아 스 뚜어샤오 치엔

왕복표는 한 장에 얼마죠?

往返票多少钱一张?

Wǎngfǎnpiào duōshao qián yìzhāng

왕판피아오 뚜어샤오 치엔 이짱

상하이까지 편도 주세요.

请给我到上海的单程票。

Qǐng gěi wǒ dào Shànghǎi de dānchéngpiào

칭 게이 워 따오 샹하이 더 딴청피아오

더 이른 열차는 없어요?

没有更早一点儿的吗?

Méiyǒu gèng zǎo yìdiǎnr de ma

메이여우 끄엉 자오 이디알 더 마

여긴 제 자리인데요.

这是我的座位。

Zhè shì wǒ de zuòwèi

쩌 스 워 더 쭈어웨이

▶ 06 대화 다시듣기

A: 베이징까지 가는 열차표 있나요? □ □ □

B: 있습니다. 몇 장 필요합니까?

Unit 07 비행기를 탈 때

>> 녹음을 듣고 소리내이 읽어보세요?

Mini Talk

A: 您的行李超重了。

Nín de xíngli chāozhòng le

닌 더 싱리 차오쯩 러

수화물 중량이 초과됐습니다.

B: 要付多少钱?

Yào fù duōshao qián

야오 푸 뚸어샤오 치엔

얼마를 내야 하죠?

Check Point!

비행기에서 내리면 검역을 통과하고 입국심사를 거치는데 入境健康检疫申明卡(검역신고서)와 入境登记卡(입국심사서)는 비행기에서 작성하도록 안내해줍니다. 중국에서 한국으로 출발할 때는 여유 있게 미리 도착해서 탑승수속을 하면 되는데 한국인 승객이 많아 한국어를 할 수 있는 직원이 안내해주는 경우가 많습니다. 중국 내에서 여행할 때 시간을 줄이려면 비행기를 이용하면 됩니다.

Basic Expression

항공권을 구하고 싶은데요.

我想买一张飞机票。

Wǒ xiǎng mǎi yìzhāng fēijīpiào
워 시앙 마이 이짱 페이지피아오

다른 편은 없습니까?

有没有别的班机?

Yǒuméiyǒu biéde bānjī
여우메이여우 비에더 빤지

출발시간을 확인하고 싶은데요.

我想确认一下出发时间。

Wǒ xiǎng quèrèn yíxià chūfā shíjiān
워 시앙 취에런 이시아 추파 스지엔

탑승일자를 변경하고 싶은데요.

我要变更登机日期。

Wǒ yào biàngēng dēngjī rìqī
워 야오 비엔끄엉 떵지 르치

지금 탑승수속을 할 수 있나요?

现在可以办登机手续吗?

Xiànzài kěyǐ bàn dēngjī shǒuxù ma
시엔짜이 크어이 빤 떵지 셔우쉬 마

여권을 보여주십시오.

请给我看一下您的护照。

Qǐng gěi wǒ kàn yíxià nín de hùzhào
칭 게이 워 칸 이시아 닌 더 후자오

▶ **07 대화 다시듣기**

A: 수화물 중량이 초과됐습니다. ☐ ☐ ☐
B: 얼마를 내야 하죠?

Unit
08 자동차를 운전할 때

>> 녹음을 듣고 소리내어 읽어보세요?

A: 你会开车吗?

Nǐ huì kāichē ma
니 후에이 카이처 마

운전할 줄 알아요?

B: 我拿到了驾驶执照。

Wǒ ná dào le jiàshǐzhízhào
워 나 따오 러 지아스즈짜오

운전면허증 땄어요.

Check Point!

베이징이든 상하이든 사람들은 주요 간선도로에서도 예사로 무단횡단을 일삼고, 자전거는 더 말할 것도 없으며, 차들도 마찬가지입니다. 또한 AFP는 중국에서 매년 1천 100만 명의 초보운전자들이 적절한 교육 없이 거리로 나오고 있다며 중국 고속도로에서의 치사율이 세계 최고수준을 기록하고 있다고 합니다. 그러나 요즘은 교통질서에 관한 교육이 잘 이루어지고 있답니다.

차를 운전할 줄 아세요?

你会开车吗?

Nǐ huì kāichē ma
니 후에이 카이처 마

___

이 차는 하루에 얼마죠?

这辆车一天要多少钱?

Zhè liàng chē yītiān yào duōshǎo qián
쩌 리앙 처 이티엔 야오 뚜어샤오 치엔

___

다른 지역에서 차를 반환해도 되나요?

可以在外地还车吗?

Kěyǐ zài wàidì huán chē ma
크어이 짜이 와이띠 후안 처 마

___

운전면허증을 보여주세요.

请让我看看你的驾驶执照。

Qǐng ràng wǒ kànkan nǐ de jiàshǐzhízhào
칭 랑 워 칸칸 니 더 지아스즈짜오

___

근처에 주유소 있어요?

这附近有没有加油站?

Zhè fùjìn yǒuméiyǒu jiāyóuzhàn
쩌 푸찐 여우메이여우 지아여우짠

___

이곳에 주차해도 될까요?

这儿可以驻车吗?

Zhèr kěyǐ zhùchē ma
쩔 크어이 쭈처 마

___

▶ **08 대화 다시듣기**

A: 운전할 줄 알아요? ☐ ☐ ☐
B: 운전면허증 땄어요.

>> 녹음을 듣고 소리내어 읽어보세요?

Mini Talk

A: **有空房间吗?**

Yǒn kòng fángjiān ma
여우 콩 팡지엔 마

빈 방 있습니까?

B: **单人间住满了, 只有双人间和
套间。**

Dānrénjiān zhù mǎn lě, zhǐ yǒu shuāngrénjiān hé tàojiān
딴런지엔 쭈 만 러,
즈 여우 수앙런지엔 흐어 타오지엔

1인실은 꽉 찼고 2인실과
스위트룸이 있습니다.

Check Point!

외국인이 이용하는 호텔은 거의 일류호텔로 이름은 각기 다릅니다. 饭店
(fàndiàn), 宾馆 (bīnguǎn), 大酒店(dàjiǔdiàn) 등으로 부르며 이러한 호텔의
등급은 별이 몇 개인가로 구분됩니다. 예를 들면 北京饭店 (Běijīngfàndiàn)이
최고급인데 이런 호텔에는 환전소, 매점, 이발소, 우체국 등 부대시설이 완벽하
게 갖추어져 있습니다.

방 있어요?

有房间吗?

Yǒu fángjiān ma
여우 팡지엔 마

어서 오십시오, 예약은 하셨습니까?

欢迎光临，预订了吗?

Huānyíng guānglín, yùdìng le ma
후안잉 꾸앙린, 위띵 러 마

1박에 얼마죠?

我要住一天，多少钱?

Wǒ yào zhù yìtiān, duōshao qián
워 야오 쭈 이티엔, 뚜어샤오 치엔

예약을 안 했는데요.

我没有预定房间。

Wǒ méiyǒu yùdìng fángjiān
워 메이여우 위띵 팡지엔

어떤 방을 원하십니까?

你们要哪种房间?

Nǐmen yào nǎ zhǒng fángjiān
니먼 야오 나 종 팡지엔

퇴실시간은 몇 시죠?

退房时间是几点?

Tuìfáng shíjiān shì jǐdiǎn
투에이팡 스지엔 스 지디엔

▶ 09 대화 다시듣기

A: 빈 방 있습니까?　　　　　□ □ □

B: 1인실은 꽉 찼고 2인실과 스위트룸이 있습니다.

Unit

10 식당에서

>> 녹음을 듣고 소리내어 읽어보세요?

학습일 / □

Mini Talk

A: **欢迎光临，你们几位?**

Huānyíng guānglín, nǐmen jǐ wèi

후안잉 꾸앙린, 니먼 지 웨이

어서 오세요, 몇 분이시죠?

B: **我们六个，有包间吗?**

Wǒmen liù ge, yǒu bāojiān ma

워먼 리우 거, 여우 빠오지엔 마

6명이요, 룸 있나요?

Check Point!

중국음식은 모든 사람이 부담감 없이 먹을 수 있습니다. 중국어로 식당은 饭馆 (fànguǎn) 또는 饭店(fàndiàn)이라고 합니다. 고급음식점부터 분식집 같은 작은 식당, 도시락이나 덮밥 등 간단한 음식을 포장해주는 길거리 음식점까지 다양합니다. 규모가 큰 음식점에서는 넓은 홀보다 작은방 包间(bāojiān)을 이용하면 조용하고 편하게 주문해서 먹을 수 있습니다.

147

Basic Expression

주문하시겠습니까?

您要点菜吗?

Nín yào diǎncài ma

닌 야오 디엔차이 마

이것으로 주세요.

我要这个。

Wǒ yào zhège

워 야오 쩌거

저도 같은 것으로 주세요.

我也要同样的。

Wǒ yě yào tóngyàng de

워 이에 야오 통양 더

다른 건 필요하지 않으세요?

还要别的吗?

Hái yào biéde ma

하이 야오 비에더 마

우리가 주문한 요리가 아직 안 나왔는데요.

我们点的菜还没上来。

Wǒmen diǎn de cài hái méi shànglái

워먼 디엔 더 차이 하이 메이 샹라이

여기요, 차 좀 따라주세요.

服务员，给我们倒杯茶。

Fúwùyuán, gěi wǒmen dào bēi chá

푸우위엔, 게이 워먼 따오 뻬이 차

▶ **10 대화 다시듣기**

A: 어서 오세요, 몇 분이시죠?

B: 6명이요, 룸 있나요?

학습일 　 /　 □

>> 녹음을 듣고 소리내어 읽어보세요?

Mini Talk

A: 要不要喝一杯?

Yàobuyào hē yìbēi

야오부야오 흐어 이뻬이

한잔 하실래요?

B: 好, 来干一杯。

Hǎo, lái gān yìbēi

하오, 라이 깐 이뻬이

좋아요, 건배 한번 하죠.

Check Point!

중국어로 '건배'는 干杯(gānbēi)라고 합니다. 글자 그대로 잔을 비운다는 뜻인데 来, 干一杯 (lái gān yì bēi)라고 하면 '자, 한 잔 마셔요'의 의미입니다. 건배를 제의할 때는 为了~, 干杯(wèi le ~gānbēi)!라고 하는데 '~을 위하여, 건배!'의 뜻입니다. 보통의 경우 잔을 비우지 않고 술을 남겨두면 다른 사람들이 억지로 마시라고 강요하지 않습니다.

술 한 잔 하시겠어요?

要不要喝一杯?

Yàobúyào hē yìbēi

야오부야오 흐어 이뻬이

오늘밤 한 잔 하시죠?

今晚来两杯如何?

Jīnwǎn lái liǎng bēi rúhé

진완·라이 리앙 뻬이 루흐어

한 잔 사고 싶은데요.

我想请你喝酒。

Wǒ xiǎng qǐng nǐ hējiǔ

워 시앙 칭 니 흐어지우

자, 건배!

来, 干杯!

Lái, gānbēi

라이, 깐뻬이

제가 한 잔 따라 드릴게요.

我敬你一杯。

Wǒ jìng nǐ yíbēi

워 찡 니 이뻬이

아뇨, 됐습니다. 많이 마셨어요.

不用了, 谢谢。我已经喝多了。

Búyòngle, xièxie. Wǒ yǐjīng hē duō le

부용러, 시에시에. 워 이찡 흐어 뚜어 러

▶ 11 대화 다시듣기

A: 한잔 하실래요?

B: 좋아요, 건배 한번 하죠.

□ □ □

학습일 / □

>> 녹음을 듣고 소리내어 읽어보세요?

Mini Talk

A: 请问，这附近有没有好玩儿的地方?

Qǐngwèn, zhè fùjìn yǒuméiyǒu hǎowánr de dìfang

칭원, 쩌 푸찐 여우메이여우 하오왈 더 띠팡

저기요, 근처에 좋은 곳이 있나요?

B: 这儿离天坛公园很近，可以走着去。

Zhèr lí Tiāntán gōngyuán hěn jìn, kěyǐ zǒuzhe qù

쩔 리 티엔탄 꽁위엔 흐언 찐, 크어이 저우저 취

티엔탄 공원이 가까워요.
걸어서 갈 수 있어요.

Check Point!

중국에는 우리나라처럼 관광지마다 안내소가 잘 갖춰 있지는 않습니다. 처음 간 외국인이 이런저런 정보를 물어볼 기관이 없어 불편하기도 하지만 모르는 사람에게 물어보는 과정에서 살아있는 중국어 학습을 할 수 있어 좋은 추억을 만들 수도 있습니다. 보통 '안내소'라고 하면 问讯处 (wènxùnchù) 또는 咨询台 (zīxúntái)라고 합니다.

안내소는 어디에 있어요?

问讯处在哪里?

Wènxùnchù zài nǎli

원쉰추 짜이 나리

관광지도 좀 주세요.

请给我一张观光地图。

Qǐng gěi wǒ yìzhāng guānguāngdìtú

칭 게이 워 이짱 꾸안꾸앙띠투

여기에는 어떤 명승지가 있어요?

这里都有什么名胜?

Zhèli dōu yǒu shénme míngshèng

쩌리 떠우 여우 션머 밍셩

당일치기로 어디가 좋을까요?

一日游去哪里好呢?

Yírì yóuqù nǎli hǎo ne

이르 여우취 나리 하오 너

할인 티켓은 없나요?

有没有打折票?

Yǒuméiyǒu dǎzhé piào

여우메이여우 다저 피아오

여기서 걸어서 갈 수 있어요?

从这里可以走着去吗?

Cóng zhèli kěyǐ zǒuzhe qù ma

총 쩌리 크어이 저우저 취 마

▶ 12 대화 다시듣기

A: 저기요, 근처에 좋은 곳이 있나요?

B: 티엔탄 공원이 가까워요. 걸어서 갈 수 있어요.

152

Unit 13 관광지에서

>> 녹음을 듣고 소리내어 읽어보세요?

Mini Talk

A: 请问，门票多少钱?

Qǐngwèn, ménpiào duōshao qián

칭원, 먼피아오 뚜어샤오 치엔

말씀 좀 여쭐게요, 입장권이 얼마죠?

B: 大人70块，学生半价。

Dàrén qīshí kuài, xuéshēng bànjià

따런 치스 쿠아이, 쉬에셩 빤지아

어른은 70위안,
학생은 반값입니다.

Check Point!

유명한 관광지를 찾아가면 언제나 사람들이 인산인해를 이룹니다. 외국인 관광객도 많지만 전국 각지에서 찾아온 국내 관광객들로 넘쳐나기 때문입니다. 특히 10월 1일 국경절을 전후한 황금연휴 기간에는 어디를 가도 관광객들로 북적입니다. 유적지나 관광지를 들어갈 때 내는 입장권을 门票(ménpiào)라고 하는데 상당히 비싼 편입니다.

153

Basic Expression

저기요, 입장권은 얼마죠?

请问，门票多少钱?

Qǐngwèn, ménpiào duōshao qián
칭원, 먼피아오 뚜어샤오 치엔

어디서 케이블카를 탈 수 있나요?

在哪里可以坐缆车?

Zài nǎlǐ kěyǐ zuò lǎnchē
짜이 나리 크어이 쭈어 란처

전망대는 어떻게 올라가죠?

展望台怎么上去?

Zhǎnwàngtái zěnme shàngqù
잔왕타이 전머 샹취

몇 시에 돌아와요?

几点回来?

Jǐ diǎn huílái
지 디엔 후에이라이

시간은 얼마나 있어요?

有多长时间?

Yǒu duōcháng shíjiān
여우 뚜어창 스지엔

여행 가이드가 필요해요.

我需要导游。

Wǒ xūyào dǎoyóu
워 쉬야오 다오여우

> **13 대화 다시듣기**

A: 말씀 좀 여쭐게요, 입장권이 얼마죠?

B: 어른은 70위안, 학생은 반값입니다.

154

>> 녹음을 듣고 소리내어 읽어보세요?

Mini Talk

A: 这张票可以退票吗?

Zhè zhāng piào kěyǐ tuìpiào ma

쩌 짱 피아오 크어이 투에이피아오 마

이 표를 환불할 수 있나요?

B: 表演已经开始了, 不能退。

Biǎoyǎn yǐjīng kāishǐ le, bù néng tuì

비아오이엔 이찡 카이스 러, 뿌 넝 투에이

공연이 벌써 시작되어
환불이 불가능합니다.

Check Point!

중국에 가면 서커스나 경극을 보게 되는데 서커스는 중국어로 杂技(zájì)라고 하고 경극은 京剧(jīngjù)라고 합니다. 경극은 무대 좌우 모니터에 대사와 줄거리를 영어와 중국어 자막으로 보여줍니다. 또 공연을 관람만 하는 극장도 있고 식사도 같이 하면서 관람할 수 있는 곳도 있는데 물론 입장료가 다릅니다. '표를 예약하다'는 预订票(yùdìng piào)입니다.

Basic Expression

여기서 티켓을 예약할 수 있나요?

在这里能预订票吗?

Zài zhèlǐ néng yùdìng piào ma
짜이 쩌리 넝 위띵 피아오 마

몇 시에 시작되죠?

几点开始?

Jǐdiǎn kāishǐ
지디엔 카이스

몇 명이면 단체표를 살 수 있죠?

多少人可以买团体票?

Duōshao rén kěyǐ mǎi tuántǐpiào
뚜어샤오 런 크어이 마이 투안티피아오

이 티켓으로 모든 전시를 볼 수 있나요?

用这张票可以看所有展览吗?

Yòng zhè zhāng piào kěyǐ kàn suǒyǒu zhǎnlǎn ma
용 쩌 짱 피아오 크어이 칸 쑤어여우 잔란 마

무료 팸플릿은 있나요?

有免费的小册子吗?

Yǒu miǎnfèi de xiǎocèzi ma
여우 미엔페이 더 시아오처즈 마

지금 들어가도 되나요?

现在也可以进去吗?

Xiànzài yě kěyǐ jìnqù ma
시엔짜이 이에 크어이 진취 마

▶ **14 대화 다시듣기**

A: 이 표를 환불할 수 있나요?

B: 공연이 벌써 시작되어 환불이 불가능합니다.

15 사진촬영을 부탁할 때

>> 녹음을 듣고 소리내어 읽어보세요?

Mini Talk

A: 请在这里给我们照一张相。

Qǐng zài zhèli gěi wǒmen zhào yìzhāng xiàng

칭 짜이 쩌리 게이 워먼 짜오 이짱 시앙

여기서 사진 좀 찍어주세요.

B: 好, 我数一二三, 大家跟我说茄子。

Hǎo, wǒ shǔ yī èr sān, dàjiā gēn wǒ shuō qiézi

하오, 워 수 이 얼 싼,
따지아 끄언 워 수어 치에즈

네, 하나, 둘, 셋,
모두 김치.

Check Point!

'사진을 찍다'라는 말은 照相(zhàoxiàng)이라고 합니다. 문장에서 동사로 쓰이면 '사진을 찍다', 명사로 쓰이면 '사진'이란 뜻입니다. 비슷한 표현으로 拍照(páizhào)도 있습니다. 여럿이 함께 사진을 찍거나 같이 찍은 단체사진을 合影(héyǐng)이라고 합니다. 관광지에 가면 사진을 찍으면 안 되는 곳도 있는데 보통 请勿拍照나 禁止拍照라는 안내문이 있습니다.

157

여기서 사진을 찍어도 될까요?

这儿可以拍照吗?

Zhèr kěyǐ páizhào ma
쩔 크어이 파이짜오 마

우리 같이 찍어요.

我们照一张合影吧。

Wǒmen zhào yìzhāng héyǐng ba
워먼 짜오 이짱 흐어잉 바

여기서 우리들 좀 찍어 주세요.

请在这里给我们照相。

Qǐng zài zhèli gěi wǒmen zhàoxiàng
칭 짜이 쩌리 게이 워먼 짜오시앙

사진 한 장 찍어주실래요?

请帮我们照一张, 好吗?

Qǐng bāng wǒmen zhào yìzhāng, hǎo ma
칭 빵 워먼 짜오 이짱, 하오 마

찍을게요. 웃으세요.

要照了, 笑一笑。

Yào zhàole, xiào yíxiào
야오 짜오러, 시아오 이시아오

다시 한번 부탁할게요.

请再照一张。

Qǐng zài zhào yìzhāng
칭 짜이 짜오 이짱

▶ 15 대화 다시듣기

A: 여기서 사진 좀 찍어주세요.

B: 네, 하나, 둘, 셋, 모두 김치.

□ □ □

158

>> 녹음을 듣고 소리내어 읽어보세요?

Mini Talk

A: 这个城市的购物街在哪里?

Zhège chéngshì de gòuwùjiē zài nǎli

쩌거 청스 더 꺼우우지에 짜이 나리

이 도시의 쇼핑가는 어디에 있습니까?

B: 很多呀。不过南京东路最热闹。

Hěn duō ya. Búguò Nánjīngdōnglù zuì rènao

흐언 뚜어 야. 부꾸어 난찡똥루
쭈에이 르어나오

많아요. 그런데 난징똥루가
가장 번화하죠.

Check Point!

해외여행을 하면서 쇼핑은 자국에서는 한 번도 접해보지 못한 물건들을 볼 수 있는 행운도 있고 또한 그 나라의 특성을 잘 나타내는 특산품을 구경할 수 있는 재미도 있습니다. 특히 현대식 백화점 같은 곳이 아닌 그 나라의 특성이 잘 나타나 있는 재래시장에서의 쇼핑은 비용도 적게 들뿐만 아니라 그 나라의 생활상을 엿볼 수 있는 좋은 기회가 될 것입니다.

이 도시의 쇼핑가는 어디에 있죠?

这个城市的购物街在哪里?

Zhège chéngshì de gòuwùjiē zài nǎli

쩌거 청스 더 꺼우우지에 짜이 나리

선물은 어디서 살 수 있죠?

在哪儿可以买到礼物?

Zài nǎr kěyǐ mǎidào lǐwù

짜이 날 크어이 마이따오 리우

면세점은 있나요?

有免税店吗?

Yǒu miǎnshuìdiàn ma

여우 미엔수에이띠엔 마

이 주변에 백화점은 있나요?

这附近有百货商店吗?

Zhè fùjìn yǒu bǎihuòshāngdiàn ma

쩌 푸찐 여우 바이후어상띠엔 마

편의점을 찾고 있는데요.

我在找便利店。

Wǒ zài zhǎo biànlìdiàn

워 짜이 자오 삐엔리띠엔

이 주변에 할인점은 있나요?

这附近有没有超市?

Zhè fùjìn yǒuméiyǒu chāoshì

쩌 푸찐 여우메이여우 차오스

▶ **16 대화 다시듣기**

A: 이 도시의 쇼핑가는 어디에 있습니까?   □ □ □

B: 많아요. 그런데 난징똥루가 가장 번화하죠.

160

Unit 17 쇼핑센터에서

>> 녹음을 듣고 소리내어 읽어보세요?

Mini Talk

A: **请问，这附近有百货商店吗?**

Qǐngwèn, zhè fùjìn yǒu bǎihuòshāngdiàn ma

칭원, 쩌 푸찐 여우 바이후어샹띠엔 마

실례지만, 이 근처에 백화점이 있습니까?

B: **邮局对面就有一家百货商店。**

Yóujú duìmiàn jiù yǒu yìjiā bǎihuòshāngdiàn

여우쥐 뚜에이미엔 지우 여우 이지아 바이후어샹띠엔

우체국 맞은편에

백화점이 하나 있습니다.

Check Point!

중국여행의 선물로 인기가 있는 품목은 주로 보이차나 전통차, 마오타이주 같은 술 종류와 요리할 때 쓰는 향신료나 소스 등이 있으며, 골동품같은 전통공예품을 들 수 있습니다. 이러한 품목들은 각지의 전문점은 물론, 백화점에서도 쉽게 구입할 수 있습니다. 여행에서 쇼핑도 빼놓을 수 없는 즐거움의 하나입니다. 꼭 필요한 품목은 미리 계획을 세워 충동구매를 피하도록 합시다.

엘리베이터는 어디서 타죠?

在哪儿坐电梯?

Zài nǎr zuò diàntī

짜이 날 쭈어 디엔티

안내소는 어디에 있죠?

咨询处在哪儿?

Zīxúnchù zài nǎr

쯔쉰추 짜이 나알

문방구 매장을 찾는데요.

我找文具柜台。

Wǒ zhǎo wénjùguìtái

워 자오 원쮜꾸에이타이

전기용품은 몇 층에서 팔죠?

电器产品在几楼卖?

Diànqìchǎnpǐn zài jǐlóu mài

띠엔치찬핀 짜이 지러우 마이

신용카드를 사용할 수 있나요?

可以用信用卡吗?

Kěyǐ yòng xìnyòngkǎ ma

크어이 용 신용카 마

이 세일은 언제 시작했죠?

打折什么时候开始的?

Dǎzhé shénmeshíhou kāishǐ de

다저 션머스허우 카이스 더

▶ 17 대화 다시듣기

A: 실례지만, 이 근처에 백화점이 있습니까?

B: 우체국 맞은편에 백화점이 하나 있습니다.

18 물건을 찾을 때

>> 녹음을 듣고 소리내어 읽어보세요?

Mini Talk

A: 买什么礼物合适呢?

Mǎi shénme lǐwù héshì ne

마이 션머 리우 흐어스 너

어떤 선물을 사면 적당할까요?

B: 茶或酒类怎么样?

Chá huò jiǔlèi zěnmeyàng

차 후어 지우레이 전머양

차나 술은 어떠세요?

Check Point!

중국에 가면 가족이나 동료들을 위해 선물을 준비하곤 합니다. 보통 차나 술, 장식품을 사오는데 어디서 사야할지 고민일 때가 많습니다. 거리를 지나다보면 전통차를 전문으로 파는 체인점 형식의 찻집이 있는데 이곳에 가면 전통차를 시음할 수도 있고 비교적 믿을 수 있는 제품을 살 수 있습니다. 가게에 들어서면 점원이 您想买点什么(Nín xiǎng mǎi diǎn shénme)?라고 묻습니다.

무엇을 찾으십니까?

您想买点什么?

Nín xiǎng mǎidiǎn shénme

닌 시앙 마이디엔 셔머

구경 좀 하고 있어요.

不买什么，只是看看。

Bù mǎi shénme, zhǐshì kànkàn

뿌 마이 셔머, 즈스 칸칸

여기 잠깐 봐 주시겠어요?

请过来一下。

Qǐng guòlái yíxià

칭 꾸어라이 이시아

이것 좀 보여주세요.

请给我看看这个。

Qǐng gěi wǒ kànkan zhège

칭 게이 워 칸칸 쩌거

차를 사고 싶은데요.

我想买点儿茶叶。

Wǒ xiǎng mǎi diǎnr cháyè

워 시앙 마이 디알 차이에

이것과 같은 건 있어요?

有和这个一样的吗?

Yǒu hé zhège yíyàng de ma

여우 흐어 쩌거 이양 더 마

> **18** 대화 다시듣기

A: 어떤 선물을 사면 적당할까요?

B: 차나 술은 어떠세요?

164

Unit 19 물건을 고를 때

>> 녹음을 듣고 소리내어 읽어보세요?

Mini Talk

A: **你决定买哪个了吗?**

Nǐ juédìng mǎi nǎge le ma

니 쥐에띵 마이 나거 러 마

어떤 걸로 살지 결정했어요?

B: **还没决定。**

Hái méi juédìng

하이 메이 쥐에띵

아직 결정 못했어요.

Check Point!

옷이나 신발 등 몸에 착용하는 물건을 고를 때 '입어 봐도 될까요?'라고 물어보려면 可以试一下吗(kěyǐ shì yíxià ma)?라고 합니다. 탈의실은 试衣室(shìyīshì)이라고 합니다. 옷은 신장과 허리둘레 등 자세한 치수가 기록되어 있어 고르기 쉽게 되어 있습니다. 가격 할인이 打七折(dǎ qī zhé)라고 하면 30%를 할인해서 정상가격의 70%만 받는다는 의미입니다.

165

다른 스타일은 있습니까?

有没有别的款式?

Yǒuméiyǒu biéde kuǎnshì
여우메이여우 비에더 쿠안스

이것보다 작은 것 있나요?

有没有比这个小的?

Yǒuméiyǒu bǐ zhège xiǎo de
여우메이여우 비 쩌거 시아오 더

만져 봐도 됩니까?

摸摸看可以吗?

Mōmō kàn kěyǐ ma
모어모어 칸 크어이 마

좀 싼 것은 없습니까?

有便宜一点儿的吗?

Yǒu piányi yìdiǎnr de ma
여우 피엔이 이디알 더 마

이것은 진짜 맞습니까?

这是不是真的?

Zhè shìbúshì zhēn de
저 스부스 쩐 더

이것으로 하겠습니다.

我要这个。

Wǒ yào zhège
워 야오 저거

▶ **19 대화 다시듣기**

A: 어떤 걸로 살지 결정했어요? ☐ ☐ ☐
B: 아직 결정 못했어요.

166

물건 값을 계산할 때

>> 녹음을 듣고 소리내어 읽어보세요?

학습일 / □

Mini Talk

A: 太贵了, 便宜一点儿吧。

Tài guì le, piányì yìdiǎnr ba

타이 꾸에이 러, 피엔이 이디알 바

너무 비싸요, 조금 깎아주세요.

B: 真是对不起, 不能降价的。

Zhēn shì duìbuqǐ, bùnéng jiàngjià de

쩐 스 뚜에이부치, 뿌넝 지앙지아 더

정말 죄송한데 가격을
낮출 수 없습니다.

Check Point!

중국인들은 물건을 살 때 비슷한 물건을 파는 상점을 세 곳 이상 돌아보고 가격을 비교한 다음 결정한다고 합니다. 물건 값을 흥정하는 것을 讨价还价 (tǎojiàhuánjià)라고 하는데 값을 깎기 위해 구차하게 언쟁하는 것이 아니라 물건을 사는 과정에서 재미를 느낄 수 있는 자연스러운 생활의 일부입니다. 얼마인지를 물을 때는 多少钱(Duōshǎo qián)?이라고 합니다.

얼마예요?

多少钱?

Duōshǎo qián
뚜어샤오 치엔

모두 얼마죠?

一共多少钱?

Yīgòng duōshǎo qián
이꽁 뚜어샤오 치엔

좀 깎을 수 없나요?

可以便宜点儿吗?

Kěyǐ piányi diǎnr ma
크어이 피엔이 디알 마

그건 내가 생각했던 것보다 비싸네요.

那比我所想的贵一点儿。

Nà bǐ wǒ suǒ xiǎng de guì yìdiǎnr
나 비 워 쑤어 시앙 더 꾸에이 이디알

너무 비싸요, 더 깎아주세요.

太贵了，再便宜点儿吧。

Tài guì le, zài piányì diǎnr ba
타이 꾸에이 러, 짜이 피엔이 디알 바

여긴 정찰제입니다.

这里不讲价。

Zhèli bù jiǎngjià
쩌리 뿌 지앙지아

▶ **20 대화 다시듣기**

A: 너무 비싸요, 조금 깎아주세요.

B: 정말 죄송한데 가격을 낮출 수 없습니다.

□ □ □

Unit

21 은행에서

>> 녹음을 듣고 소리내어 읽어보세요?

Mini Talk

A: 我想把美元换成人民币。

Wǒ xiǎng bǎ měiyuán huànchéng rénmínbì

워 시앙 바 메이위엔 후안청 런민삐

달러를 위안화로 환전하고 싶습니다.

B: 您要换多少?

Nín yào huàn duōshao

닌 야오 후안 뚜어샤오

얼마나 바꾸시려고요?

Check Point!

중국의 은행은 중앙은행인 인민은행과 상업은행, 외자은행 등 종류가 다양합니다. 중국인은 물론 외국인도 은행에 계좌를 개설할 수 있으며 현금카드도 발급 받을 수 있습니다. 또한 곳곳마다 24시간 자동출금기 自动提款机(zìdòng tíkuǎnjī)가 설치되어 있어 편리하게 출금을 할 수 있습니다. 중국은 화폐단위가 元(yuán)이며, '환전'은 换钱(huànqián)이라고 합니다.

저기요, 근처에 은행 있어요?

请问，附近有银行吗？

Qǐngwèn, fùjìn yǒu yínháng ma

칭원, 푸찐 여우 인항 마

이 근처에 현금자동인출기 있어요?

这附近有没有自动取款机?

Zhè fùjìn yǒuméiyǒu zìdòngtíkuǎnjī

쩌 푸찐 여우메이여우 쯔똥티쿠안찌

여기서 환전할 수 있나요?

这里可以换钱吗?

Zhèli kěyǐ huànqián ma

쩌리 크어이 후안치엔 마

한국돈을 중국돈으로 바꾸고 싶은데요.

我想把韩币换成人民币

Wǒ xiǎng bǎ hánbì huànchéng rénmínbì

워 시앙 바 한삐 후안청 런민삐

계좌를 만들고 싶은데요.

我要开户头。

Wǒ yào kāi hùtóu

워 야오 카이 후터우

잔돈으로 바꾸고 싶은데요.

我要换零钱。

Wǒ yào huàn língqián

워 야오 후안 링치엔

▶ **21 대화 다시듣기**

A: 달러를 위안화로 환전하고 싶습니다. □ □ □

B: 얼마나 바꾸시려고요?

170

>> 녹음을 듣고 소리내어 읽어보세요?

Mini Talk

A: 你要寄什么信?

Nǐ yào jì shénme xìn

니 야오 찌 션머 신

어떤 편지를 부치시겠습니까?

B: 我要寄航空信, 几天能到韩国?

Wǒ yào jì hángkōngxìn, jǐtiān néng dào Hánguó

워 야오 찌 항콩신, 지티엔 넝 따오 한구어

항공우편으로 부탁합니다.

한국까지 며칠 걸립니까?

Check Point!

중국 우체국에서는 원래 서신거래, 소포발송, 전신 전보, 우표 판매 등의 업무를 취급하였는데, 최근에 전화와 핸드폰이 급증하면서 전화국이 새로 생겨 전신 전보 업무는 취급하지 않습니다. 그 대신 예의우편(礼仪邮件 lǐyí yóujiàn)이라는 업무를 신설하여 외지에 있는 친척이나 친구에게 생화, 생일케이크를 보낼 수 있게 되었습니다.

우체통은 어디에 있죠?

请问, 信箱在哪儿?

Qǐngwèn, xìnxiāng zài nǎr
칭원, 신시앙 짜이 날

우표는 어디서 사죠?

邮票在哪儿买?

Yóupiào zài nǎr mǎi
여우피아오 짜이 날 마이

이 편지를 부치고 싶은데요.

我要寄这封信。

Wǒ yào jì zhè fēngxìn
워 야오 찌 쩌 펑신

어떤 편지를 부치시게요?

你要寄什么信?

Nǐ yào jì shénme xìn
니 야오 찌 선머 신

소포를 부치고 싶은데요.

我要寄包裹。

Wǒ yào jì bāoguǒ
워 야오 찌 빠오구어

소포를 찾으러 왔는데요.

我要取包裹。

Wǒ yào qǔ bāoguǒ
워 야오 취 빠오구어

▶ **22 대화 다시듣기**

A: 어떤 편지를 부치시겠습니까? ☐ ☐ ☐

B: 항공우편으로 부탁합니다. 한국까지 며칠 걸립니까?

172

Unit 23 이발소에서

>> 녹음을 듣고 소리내어 읽어보세요?

Mini Talk

A: **头发怎么剪?**

Tóufà zěnme jiǎn

터우파 전머 지엔

머리를 어떻게 깎아 드릴까요?

B: **修剪一下就行了。**

Xiūjiǎn yíxià jiù xíng le

시우지엔 이시아 지우 싱 러

다듬어주세요.

Check Point!

이발소는 理发店(lǐfàdiàn)이라고 합니다. 최근에는 한국처럼 남녀 모두 미용실을 이용하는 추세라서 특별하게 이발소를 고집하는 분들이 점점 줄어들고 있습니다. '머리를 자르다'는 표현은 理发(lǐfà) 또는 剪发(jiǎnfà)라고 하며, 머리를 다듬는 것 말고 머리를 감고 말려주는 洗头(xǐtóu) 또는 면도 刮脸(guāliǎn)를 받기도 합니다.

이발 좀 해 주세요.

我要理发。

Wǒ yào lǐfà

워 야오 리파

어떤 모양으로 깎을까요?

理什么发型?

Lǐ shénme fàxíng

리 션머 파싱

본래 스타일로 깎아 주세요.

请照原来的样子理。

Qǐng zhào yuánlái de yàngzi lǐ

칭 짜오 위엔라이 더 양즈 리

이런 모양으로 깎아 주세요.

给我理成这个样子。

Gěi wǒ lǐchéng zhège yàngzi

게이 워 리청 쩌거 양즈

너무 많이 자르지 마세요.

别剪得太多。

Bié jiǎn de tàiduō

비에 지엔 더 타이뚜어

면도를 해 주세요.

请刮脸。

Qǐng guāliǎn

칭 꾸아리엔

▶ **23 대화 다시듣기**

A: 머리를 어떻게 깎아 드릴까요?

B: 다듬어주세요.

☐ ☐ ☐

>> 녹음을 듣고 소리내어 읽어보세요?

A: 欢迎光临, 剪发还是烫发?

Huānyíng guānglín, jiǎnfà háishì tàngfà

후안잉 꾸앙린, 지엔파 하이스 탕파

어서 오세요. 커트하시겠어요, 파마하시겠어요?

B: 我只要洗头。

Wǒ zhǐ yào xǐtóu

워 즈 야오 시터우

샴푸만 해주세요.

Check Point!

여성들이 이용하는 미용실은 美发店(měifàdiàn) 또는 美容厅(měifàtīng)이라고 합니다. 美发师(měifàshī 헤어디자이너)에게 원하는 스타일을 설명하기 힘들 때는 发型书(fàxíngshū 헤어스타일북)에서 고르거나 사진을 갖고 가서 보여주면 됩니다. 烫发(tàngfà 파마)나 剪发 (jiǎnfà 커트), 染发(rǎnfà 염색) 외에도 洗头(xǐtóu 샴푸)만 하는 경우도 많습니다.

Basic Expression

헤어스타일은 어떻게 할까요?

您要什么样的发型?

Nín yào shénmeyàng de fàxíng

닌 야오 션머양 더 파싱

머리만 감겨 주세요.

我只要洗头。

Wǒ zhǐ yào xǐtóu

워 즈 야오 시터우

파마해 주세요.

请给我烫发。

Qǐng gěi wǒ tàngfà

칭 게이 워 탕파

세트해 주세요.

我要做头发。

Wǒ yào zuò tóufa

워 야오 쭈어 터우파

이 헤어스타일이 유행이에요.

这种发型很流行。

Zhè zhǒng fàxíng hěn liúxíng

쩌 종 파싱 흐언 리우싱

헤어스타일을 바꾸고 싶어요.

我想换个发型。

wǒ xiǎng huàn ge fàxíng

워 시앙 후안 거 파싱

▶ 24 대화 다시듣기

A: 어서 오세요. 커트하시겠어요, 파마하시겠어요?

B: 샴푸만 해주세요.

176

학습일　／　□

>> 녹음을 듣고 소리내어 읽어보세요?

Mini Talk

A: 我想把这条裙子剪短。

Wǒ xiǎng bǎ zhè tiáo qúnzi jiǎn duǎn

워 시앙 바 쩌 티아오 췬즈 지엔 두안

이 스커트를 줄이고 싶은데요.

B: 您要剪多少?

Nín yào jiǎn duōshao

닌 야오 지엔 뚸어샤오

어느 정도 줄일까요?

Check Point!

중국의 거리를 지나다 보면 干洗(gānxǐ)라고 써 있는 것을 볼 수 있는데 이는 '드라이클리닝'을 말합니다. 실크(丝绸 sīchóu) 제품이나 다운(羽绒 yǔróng) 제품 등 집에서 세탁하기 어려운 카펫 등 일부 값비싸거나 아끼는 의류라면 영세점의 경우는 기술상의 문제가 있을 수 있으므로 반드시 전문 세탁소에 맡겨야 품질을 오래 유지할 수 있습니다.

이 양복을 세탁 좀 해 주세요.

请洗一洗这件西装。

Qǐng xǐyīxǐ zhè jiàn xīzhuāng
칭 시이시 쩌 지엔 시쭈앙

드라이클리닝 좀 하고 싶은데요.

我想干洗几件衣服。

Wǒ xiǎng gānxǐ jǐjiàn yīfu
워 시앙 깐시 지지엔 이푸

드라이클리닝은 얼마죠?

干洗一件要多少钱?

Gānxǐ yíjiàn yào duōshao qián
깐시 이지엔 야오 뚜어샤오 치엔

언제 옷을 찾아가면 될까요?

我什么时候可以取衣服?

Wǒ shénmeshíhou kěyǐ qǔ yīfu
워 선머스허우 크어이 취 이푸

이 셔츠에 있는 얼룩을 제거할 수 있을까요?

能除掉这件衬衫的污痕吗?

Néng chúdiào zhè jiàn chènshān de wūhén ma
넝 추띠아오 쩌 지엔 천샨 더 우흐언 마

이 셔츠 좀 다려 주세요.

请把这件衬衫熨一下。

Qǐng bǎ zhè jiàn chènshān yùn yíxià
칭 바 쩌 지엔 천샨 윈 이시아

▶ **25 대화 다시듣기**

A: 이 스커트를 줄이고 싶은데요.

B: 어느 정도 줄일까요?

✻ 앞에서 배운 대화 내용입니다. 한글을 중국어로 말해보세요. 잘 모르시겠다고요?
걱정마세요. 녹음이 있잖아요. 그리고 정답은 각 유닛에서 확인하세요.

01 A: 이곳은 어디입니까?
B: 这里是王府井大街。

02 A: 我要去颐和园, 길을 잃었어요.
B: 不好意思, 我也不是本地人。

03 A: 师傅, 베이징호텔로 가주세요.
B: 好的, 你要走哪条路?

04 A: 치엔먼까지 몇 번 버스가 가죠?
B: 没有直达的, 要倒车。

05 A: 从这里到西直门怎么走?
B: 지하철을 타세요. 지하철이 제일 빨라요.

06 A: 去北京的列车有座位吗?
B: 有, 몇 장 필요합니까?

07 A: 您的行李超重了。
B: 얼마를 내야 하죠?

08 A: 운전할 줄 알아요?
B: 我拿到了驾驶执照。

09 A: 빈 방 있습니까?
B: 单人间住满了, 只有双人间和套间。

10 A: 欢迎光临, 你们几位?
B: 6명이요. 룸 있나요?

11 A: 要不要喝一杯?
B: 好, 건배 한번 하죠.

12 A: 请问, 这附近有没有好玩儿的地方?
B: 这儿离天坛公园很近, 걸어서 갈 수 있어요.

13 A: 请问, 입장권이 얼마죠?
  B: 大人70块, 学生半价。

14 A: 이 표를 환불할 수 있나요?
  B: 表演已经开始了, 不能退。

15 A: 여기서 사진 좀 찍어주세요.
  B: 好, 我数一二三, 大家跟我说茄子。

16 A: 이 도시의 쇼핑가는 어디에 있습니까?
  B: 很多呀。不过南京东路最热闹。

17 A: 请问, 이 근처에 백화점이 있습니까?
  B: 邮局对面就有一家百货商店。

18 A: 어떤 선물을 사면 적당할까요?
  B: 茶或酒类怎么样?

19 A: 你决定买哪个了吗?
  B: 아직 결정 못했어요.

20 A: 너무 비싸요, 조금 깎아주세요.
  B: 真是对不起, 不能降价的。

21 A: 我想把美元换成人民币。
  B: 얼마나 바꾸려고요?

22 A: 你要寄什么信?
  B: 항공우편으로 부탁합니다. 几天能到韩国?

23 A: 머리를 어떻게 깎아 드릴까요?
  B: 修剪一下就行了。

24 A: 欢迎光临, 剪发还是烫发?
  B: 샴푸만 해주세요.

25 A: 我想把这条裙子剪短。
  B: 어느 정도 줄일까요?

做得好!

PART

04

전화·사교·긴급 표현

Expression

Unit 01 전화를 걸 때

>> 녹음을 듣고 소리내어 읽어보세요?

Mini Talk

A: 喂, 请张先生接电话。

Wéi, qǐng Zhāng xiānsheng jiē diànhuà

웨이, 칭 짱 시엔셩 지에 띠엔후아

여보세요, 장선생님 부탁합니다.

B: 我就是, 是李先生吗?

Wǒ jiù shì, shì Lǐ xiānsheng ma

워 지우 스, 스 리 시엔셩 마

전데요, 이선생님이신가요?

Check Point!

전화는 상대방의 얼굴 표정이 보이지 않으므로 말을 정확히 알아들어야 하고 자기 의사를 분명하게 밝히는 게 중요합니다. 전화를 걸 때는 먼저 자신의 이름이나 소속을 알리는 게 예의입니다. '~를 바꿔 주십시오'라고 할 때는 请 ~接电话(qǐng ~ jiē diànhuà)라고 합니다. 전화로 '여보세요'라고 할 때에는 喂(wèi) 혹은 你好(nǐhǎo)라고 합니다.

여보세요.

喂。

Wèi

웨이

전화번호는 몇 번이죠?

你的电话号码是多少?

Nǐ de diànhuà hàomǎ shì duōshao

니 더 띠엔후아 하오마 스 뚜어샤오

여보세요, 5363355죠?

喂, 5363355吗?

Wéi, wǔ sān liù sān sān wǔ wǔ ma

웨이, 우 싼 리우 싼 싼 우 우 마

여보세요, 이선생님 댁인가요?

喂, 李老师家吗?

Wéi, Lǐ lǎoshī jiā ma

웨이, 리 라오스 지아 마

이선생님 좀 바꿔주세요.

请李老师接电话。

Qǐng Lǐ lǎoshī jiē diànhuà

칭 리 라오스 지에 띠엔후아

김부장님 계십니까?

请问, 金部长在不在?

Qǐngwèn, Jīn bùcháng zàibúzài

칭원, 진 뿌창 짜이부짜이

▶ **01 대화 다시듣기**

A: 여보세요, 장선생님 부탁합니다.

B: 전데요, 이선생님이신가요?

□ □ □

184

Unit 02 전화를 받을 때

>> 녹음을 듣고 소리내어 읽어보세요?

Mini Talk

A: 对不起, 他现在不能接电话。

Duìbuqǐ, tā xiànzài bùnéng jiē diànhuà

뚜에이부치, 다 시엔짜이 뿌넝 지에 띠엔후아

죄송한데 지금 전화를 받기 곤란하십니다.

B: 那转告他给我回电话, 好吗?

Nà zhuǎngào tā gěi wǒ huí diànhuà, hǎo ma

나 주앙까오 타 게이 워 후에이 띠엔후아, 하오 마

그러면 제게 전화 해달라고
전해주시겠어요?

Check Point!

전화를 받을 때도 보통 喂(wéi)라고 합니다. 회사나 근무처일 경우에는 喂, 你好 (Wéi nǐhǎo) 다음에 근무처 이름을 말합니다. 상대방을 확인할 때는 你是谁(Nǐ shì shuí)?라고 하기보다 你是哪位(Nǐn shi nǎ wèi 누구십니까)?, 你是哪里的 (Nǐ shì nǎli de 어디십니까)?와 같이 말하는 편이 좋습니다. 누구를 찾는지 물을 때는 你找谁(Nǐ zhǎo shuí)?라고 합니다.

전화 좀 받아줄래요?

帮我接接电话，好吗?

Bāng wǒ jiējie diànhuà, hǎo ma

빵 워 지에지에 띠엔후아, 하오 마

누굴 찾으세요?

你找谁?

Nǐ zhǎo shuí

니 자오 수에이

전데요, 누구시죠?

我就是，哪一位啊?

Wǒ jiùshì, nǎ yíwèi a

워 지우스, 나 이웨이 아

어느 분을 바꿔드릴까요?

请问，换哪一位?

Qǐngwèn, huàn nǎ yíwèi

칭원, 후안 나 이웨이

지금 자리에 안 계신데요.

现在不在。

Xiànzài bú zài

시엔짜이 부 짜이

뭐라고 전해드릴까요?

我转告他什么?

Wǒ zhuǎngào tā shénme

워 주안까오 타 션머

▶ **02 대화 다시듣기**

A: 죄송한데 지금 전화를 받기 곤란하십니다. ☐ ☐ ☐

B: 그러면 제게 전화 해달라고 전해주시겠어요?

186

Unit 03 약속을 청할 때

>> 녹음을 듣고 소리내어 읽어보세요?

Mini Talk

A: 今天下午怎么安排?

Jīntiān xiàwǔ zěnme ānpái

진티엔 시아우 전머 안파이

오늘 오후 스케줄 있어요?

B: 下午我要开会。

Xiàwǔ wǒ yào kāihuì

시아우 워 야오 카이후에이

오후에 회의가 있어요.

Check Point!

약속을 신청하는 입장에서는 먼저 상대방에게 편한 시간과 장소를 물어 불편하지 않도록 배려하는 것이 좋습니다. 상대방의 형편을 고려하지 않고 일방적으로 약속을 해서는 안 되며, 서로 착오가 일어나지 않도록 정확히 확인을 해둘 필요가 있습니다. 약속시간을 정할 때 '몇 시가 편하세요?'라고 물어보려면 你几点方便(Nǐ jǐ diǎn fāngbiàn)?이라고 합니다.

시간이 있으세요?

您看有时间吗?

Nín kàn yǒu shíjiān ma
닌 칸 여우 스지엔 마

이쪽으로 좀 와주시겠어요?

您能不能到我这里来?

Nín néngbunéng dào wǒ zhèli lái
닌 넝부넝 따오 워 쩌리 라이

이번 주말에 시간 있으세요?

这个周末你有空吗?

Zhège zhōumò nǐ yǒu kòng ma
쩌거 쩌우모어 니 여우 콩 마

내일 약속 있으세요?

明天有没有约会?

Míngtiān yǒuméiyǒu yuēhuì
밍티엔 여우메이여우 위에후에이

몇 시가 편하세요?

几点钟方便?

Jǐdiǎn zhōng fāngbiàn
지디엔 쫑 팡삐엔

우리 어디에서 만날까요?

我们在哪儿见面?

Wǒmen zài nǎr jiànmiàn
워먼 짜이 날 지엔미엔

▶ **03 대화 다시듣기**

A: 오늘 오후 스케줄 있어요?

B: 오후에 회의가 있어요.

04 약속 제의에 응답할 때

>> 녹음을 듣고 소리내어 읽어보세요?

Mini Talk

A: 今天下午怎么安排?

Jīntiān xiàwǔ zěnme ānpái

진티엔 시아우 전머 안파이

오늘 오후 스케줄 있니?

B: 对不起, 晚上我有约。

Duìbuqǐ, wǎnshang wǒ yǒu yuē

뚜에이부치, 완샹 워 여우 위에

미안해.

저녁에 다른 약속 있거든.

Check Point!

약속 신청을 받아들일 때는 자신의 스케줄을 먼저 점검해보고 가능한 시간을 말해야 하며, 부득이 거절할 때는 상대방의 기분이 상하지 않도록 이해를 시켜주어야 합니다. 상대방의 제의를 수락할 때 가장 간단한 응답은 好(hǎo)라고 하면 됩니다. 친구와 약속한 후 '올 때까지 기다릴게'라고 약속을 확인할 때는 不见不散(bújiàn búsàn)이라고 합니다.

무슨 일로 절 만나자는 거죠?

你为什么要见我?

Nǐ wèishénme yào jiàn wǒ
니 웨이션머 야오 지엔 워

좋아요, 시간 괜찮아요.

好, 我有时间。

Hǎo, wǒ yǒu shíjiān
하오, 워 여우 스지엔

미안해요, 제가 오늘 좀 바빠서요.

对不起, 今天我有点儿忙。

Duìbuqǐ, jīntiān wǒ yǒudiǎnr máng
뚜에이부치, 찐티엔 워 여우디알 망

선약이 있어서요.

我已经有约了。

Wǒ yǐjīng yǒu yuē le
워 이찡 여우 위에 러

다음으로 미루는 게 좋겠어요.

我有别的事, 改天吧。

Wǒ yǒu biéde shì, gǎitiān ba
워 여우 비에더 스, 가이티엔 바

오늘 누가 오기로 돼 있어요.

今天我约了人。

Jīntiān wǒ yuē le rén
찐티엔 워 위에 러 런

▶ 04 대화 다시듣기

A: 오늘 오후 스케줄 있니?

B: 미안해. 저녁에 다른 약속 있거든.

□ □ □

Unit 05 약속하고 만날 때

>> 녹음을 듣고 소리내어 읽어보세요?

Mini Talk

A: **很抱歉, 让你久等了。**

Hěn bàoqiàn, ràng nǐ jiǔ děng le
흐언 빠오치엔, 랑 니 지우 덩 러

미안합니다, 오래 기다리셨죠.

B: **你看, 已经过8点了。你怎么才来呢?**

Nǐ kàn, yǐjīng guò bā diǎn le. Nǐ zěnme cái lái ne
니 칸, 이찡 꾸어 빠 디엔 러.
니 전머 차이 라이 너

이봐요, 벌써 8시에요.
왜 이제 왔어요?

Check Point!

약속시간에 늦었을 때 사과의 말과 함께 我来晚了(wǒ lái wǎn le) 또는 我迟到了(wǒ chí dào le)라고 말합니다. 수업시간에 늦었거나 회사에서 지각했을 때도 쓸 수 있는 표현입니다. 차가 많이 막혔을 때는 堵得很厉害(dǔ de hěn lìhài)라고 합니다. 厉害(lìhài)는 상대방을 칭찬할 때도 쓰이지만 어떤 상황이 심각할 경우에도 사용할 수 있습니다.

191

금방 갈 테니까 잠깐만 기다려요.

请等我一下，我马上就来。

Qǐng děng wǒ yíxià, wǒ mǎshang jiù lái

칭 덩 워 이시아, 워 마샹 지우 라이

올 때까지 기다릴게요.

不见不散。

Bújiàn búsàn

부지엔 부싼

오래 기다리시게 했네요.

让你久等了。

Ràng nǐ jiǔ děng le

랑 니 지우 덩 러

제가 늦게 왔네요.

我来晚了。

Wǒ lái wǎn le

워 라이 완 러

왜 이제야 오세요?

你怎么才来呢?

Nǐ zěnme cái lái ne

니 전머 차이 라이 너

저는 또 다른 일이 있어서 먼저 가 볼게요.

我还有别的事，先走了。

Wǒ hái yǒu biéde shì, xiān zǒu le

워 하이 여우 비에더 스, 시엔 저우 러

> **05 대화 다시듣기**

A: 미안합니다, 오래 기다리셨죠.

B: 이봐요, 벌써 8시에요. 왜 이제 왔어요?

>> 녹음을 듣고 소리내어 읽어보세요?

Mini Talk

A: 周六想请你吃晚饭，可以吗?

Zhōuliù xiǎng qǐng nǐ chī wǎnfàn, kěyǐ ma

쩌우리우 시앙 칭 니 츠 완판, 크어이 마

토요일에 저녁식사에 초대해도 괜찮겠어요?

B: 有什么事?

Yǒu shénme shì

여우 션머 스

무슨 일이 있어요?

Check Point!

일단 알게 된 사람이나 친구와 한층 더 친해지기 위해서는 자신의 집이나 파티에 초대해서 대화를 나누는 것은 서로의 거리낌 없는 친분을 쌓는 데 매우 중요한 의미를 갖습니다. 중국 사람들은 우리나라와 마찬가지로 기쁜 일이 있을 때 많은 사람들이 모여 축하를 해줍니다. 우리가 흔히 쓰는 '한 턱 내다'라는 표현은 중국 어로 请客(qǐngkè)라고 합니다.

193

함께 저녁식사를 합시다.

一起吃晚饭吧。

Yìqǐ chī wǎnfàn ba

이치 츠 완판 바

저녁을 대접하고 싶어요.

我想请你吃晚饭。

Wǒ xiǎng qǐng nǐ chī wǎnfàn

워 시앙 칭 니 츠 완판

내일 저희 집에 놀러 오세요.

明天到我家玩儿吧。

Míngtiān dào wǒ jiā wánr ba

밍티엔 따오 워 지아 왈 바

식사하러 오세요.

你们来吃饭吧。

Nǐmen lái chīfàn ba

니먼 라이 츠판 바

점심을 대접하고 싶은데요.

我想请你吃午饭。

Wǒ xiǎng qǐng nǐ chī wǔfàn

워 시앙 칭 니 츠 우판

술을 좀 대접하고 싶은데요.

我想请你喝酒。

Wǒ xiǎng qǐng nǐ hē jiǔ

워 시앙 칭 니 흐어 지우

▶ 06 대화 다시듣기

A: 토요일에 저녁식사에 초대해도 괜찮겠어요? □ □ □

B: 무슨 일이 있어요?

Unit 07 초대에 응답할 때

학습일   /   □

>> 녹음을 듣고 소리내어 읽어보세요?

Mini Talk

A: 明天有聚会, 请你来玩儿。

Míngtiān yǒu jùhuì, qǐng nǐ lái wánr

밍티엔 여우 쮜후에이, 칭 니 라이 왈

내일 모임이 있는데 당신도 오세요.

B: 谢谢你的邀请。

Xièxie nǐ de yāoqǐng

시에시에 니 더 야오칭

초대해주셔서 고마워요.

Check Point!

초대에 응할 때는 愿意(yuànyì)나 乐意(lèyì), 肯定(kěndìng)과 같이 강조하는 의미의 말을 덧붙여서 가고 싶은 어감을 나타내주면 좋습니다. 또 '초대해주셔 서 고맙습니다'라고 말하려면 谢谢你的邀请(Xièxie nǐ de yāoqǐng)나 谢谢你 邀请我(Xièxie nǐ yāoqǐng wǒ)라고 합니다. 초대에 응할 수 없을 때에는 抱歉 (bàoqiàn)과 같이 미안한 마음을 전한 후 갈 수 없는 사정을 이야기합니다.

195

Basic Expression

좋아요. 갈게요.

好，我愿意去。

Hǎo, wǒ yuànyì qù
하오, 워 위엔이 취

기꺼이 방문하겠습니다.

我很乐意拜访你。

Wǒ hěn lèyì bàifǎng nǐ
워 흐언 러이 빠이팡 니

꼭 갈게요.

我肯定去。

Wǒ kěndìng qù
워 크언띵 취

그거 좋죠.

那好哇。

Nà hǎo wa
나 하오 와

저도 뵙고 싶었어요.

我也早就想见你了。

Wǒ yě zǎojiù xiǎng jiàn nǐ le
워 이에 자오지우 시앙 지엔 니 러

죄송하지만, 다른 약속이 있어요.

抱歉，我有别的约会。

Bàoqiàn, wǒ yǒu biéde yuēhuì
빠오치엔, 워 여우 비에더 위에후에이

▶ **07 대화 다시듣기**

A: 내일 모임이 있는데 당신도 오세요.

B: 초대해주셔서 고마워요.

196

>> 녹음을 듣고 소리내어 읽어보세요?

Mini Talk

A: 我带来了小礼物，请收下。

Wǒ dài lái le xiǎo lǐwù, qǐng shōuxià

워 따이 라이 러 시아오 리우, 칭 셔우시아

작은 선물을 가져왔는데 받으세요.

B: 你太客气了，谢谢。

Nǐ tài kèqi le, xièxie

니 타이 크어치 러, 시에시에

뭘 이런 걸 다,
고맙습니다.

Check Point!

집을 방문할 때는 家里有人吗(Jiālǐ yǒu rén ma)?라고 집안에 있는 사람을 부른 다음 집에서 사람이 나올 때까지 대문이나 현관에서 기다립니다. 주인이 나오면 谢谢你的招待(Xièxie nǐ de zhāodài)라고 초대에 대한 감사의 말을 하고, 준비한 선물을 我带来了小礼物, 请收下(Wǒ dài lái le xiǎo lǐwù, qǐng shōuxià)라고 건네며 주인의 안내에 따라 집안으로 들어서면 됩니다.

집에 아무도 안 계세요?

家里有人吗?

Jiālǐ yǒu rén ma
지아리 여우 런 마

초대해주셔서 감사합니다.

谢谢你的招待。

Xièxie nǐ de zhāodài
시에시에 니 더 짜오따이

제가 너무 일찍 왔나 봐요.

我来得太早了吧。

Wǒ lái de tài zǎo le ba
워 라이 더 타이 자오 러 바

죄송합니다. 조금 늦었습니다.

对不起，我来晚了。

Duìbuqǐ, wǒ lái wǎn le
뚜에이부치, 워 라이 완 러

조그만 선물을 가져왔습니다, 받아 주십시오.

我带来了小礼物，请收下。

Wǒ dàilái le xiǎo lǐwù, qǐng shōuxià
워 따이라이 러 시아오 리우, 칭 셔우시아

이건 제 작은 성의니, 받아주십시오.

这是我小小的心意，请你收下吧。

Zhè shì wǒ xiǎoxiao de xīnyì, qǐng nǐ shōuxià ba
쩌 스 워 시아오시아오 더 신이, 칭 니 셔우시아 바

▶ 08 대화 다시듣기

A: 작은 선물을 가져왔는데 받으세요.

B: 뭘 이런 걸 다, 고맙습니다.

□ □ □

198

Unit 09 방문객을 맞이할 때

>> 녹음을 듣고 소리내어 읽어보세요?

Mini Talk

A: **快请进，欢迎你!**

Kuài qǐng jin, huānyíng nǐ

쿠아이 칭 찐, 후안잉 니

어서 들어오세요. 환영합니다!

B: **谢谢!**

Xièxie

시에시에

감사합니다.

Check Point!

누군가를 환영할 때는 欢迎(huānyíng)이라고 하는데 欢迎, 欢迎처럼 반복해서 말하기도 합니다. 음식점이나 영업장소에 가면 직원들이 고객을 맞이할 때 欢迎光临(huānyíng guānglí)이라고 말하는데 내 집을 방문한 손님에게도 쓸 수 있습니다. 안으로 들어온 손님에게는 请坐(qǐng zuò)라고 자리를 권하고 请喝茶(qǐng hē chá)라고 말하면서 차를 권합니다.

어서 오세요.

欢迎，欢迎。

Huānyíng, haūnyíng
후안잉, 후안잉

와 주셔서 감사합니다.

欢迎光临。

Huānyíng guānglín
후안잉 꾸앙린

들어오세요.

快请进。

Kuài qǐng jìn
쿠아이 칭 찐

이쪽으로 오시죠.

请这边来。

Qǐng zhèbiān lái
칭 쩌삐엔 라이

편히 하세요.

随便一点。

Suíbiàn yìdiǎn
쑤에이삐엔 이디엔

오시느라 고생하셨어요.

路上辛苦了。

Lù shàng xīnkǔ le
루 샹 신쿠 러

▶ 09 대화 다시듣기

A: 어서 들어오세요. 환영합니다! ☐ ☐ ☐
B: 감사합니다.

200

Mini Talk

A: 你们谈, 我做饭去。

Nǐmen tán, wǒ zuò fàn qù

니먼 탄, 워 쭈어 판 취

말씀 나누세요, 저는 식사 준비할게요.

B: 真不好意思, 给您添麻烦了。

Zhēn bùhǎoyìsi, gěi nín tiān máfan le

쩐 뿌하오이쓰, 게이 닌 티엔 마판 러

정말 죄송하네요,
번거롭게 해드려서요.

Tip
Check Point!

중국인의 집을 방문하면 보통 먼저 차를 마시며 이야기를 나눈 후 식사를 하게 됩니다. 한국과 달리 집안일을 남편과 아내가 함께 나누어 하는 문화가 보편적이어서 남편이나 아버지가 직접 앞치마를 두르고 음식을 준비하곤 합니다. 식사를 하기 전에 간단하게 술을 마시기도 하는데 술을 마시지 못할 경우 대신 음료수를 마시면 됩니다.

차 좀 드세요.

请喝茶。

Qǐng hē chá

칭 흐어 차

뭘 좀 드실래요?

您要喝点儿什么?

Nín yào hē diǎnr shénme

닌 야오 흐어 디알 션머

녹차 한 잔 하시겠어요?

要不要来一杯绿茶?

Yàobuyào lái yìbēi lǜchá

야오부야오 라이 이뻬이 뤼차

마음껏 드세요.

多吃一点儿啊。

Duō chī yìdiǎnr a

뚜어 츠 이디알 아

사양하지 마시고 집처럼 편하게 계세요.

你别客气，像在家一样。

Nǐ bié kèqi, xiàng zài jiā yíyàng

니 비에 크어치, 시앙 짜이 지아 이양

자, 사양하지 마세요.

来，请不要客气。

Lái, qǐng búyào kèqi

라이, 칭 부야오 크어치

▶ **10 대화 다시듣기**

A: 말씀 나누세요, 저는 식사 준비할게요.

B: 정말 죄송하네요, 번거롭게 해드려서요.

202

방문을 마칠 때

>> 녹음을 듣고 소리내어 읽어보세요?

Mini Talk

A: 时间不早了, 我该回去了。

Shíjiān bù zǎo le, wǒ gāi huíqù le

스지엔 뿌 자오 러, 워 까이 후에이취 러

시간이 늦었는데 이만 가보겠습니다.

B: 如果你有空儿, 欢迎再来。再见。

Rúgǒu nǐ yǒu kòngr, huānyíng zài lái. zàijiàn

루거우 니 여우 콜, 후안잉 짜이 라이.

짜이지엔

시간 있으면 다시 오세요.

안녕히 가세요.

Check Point!

모임에서 먼저 자리를 떠나거나 방문을 마치고 돌아갈 때 我该走了(wǒ gāi zǒu le) 또는 我该回去了(wǒ gāi huíqù le)라고 인사합니다. 告辞(gàocí)라고 하면 '작별을 고하다'는 뜻입니다. 주인이 배웅을 나왔을 경우 '들어가세요'라고 만류할 때는 请回去吧(qǐng huíqù ba) 또는 请留步(qǐng liúbù)라고 합니다. 마지막으로 떠날 때는 초대에 대한 감사의 말도 잊지 않도록 합시다.

203

Basic Expression

집에 가야겠어요.

我该回家了。
Wǒ gāi huíjiā le
워 까이 후에이지아 러

대접 잘 받았습니다.

谢谢你的盛情款待。
Xièxǐ nǐ de shèngqíng kuǎndài
시에시에 니 더 셩칭 쿠안따이

너무 늦었어요. 이만 가볼게요.

时间不早了，我得回家了。
Shíjiān bù zǎo le, wǒ děi huíjiā le
스지엔 뿌 자오 러, 워 데이 후에이지아 러

지금 가신다고요?

你这就要走?
Nǐ zhè jiù yào zǒu
니 쩌 지우 야오 저우

좀 더 계시다 가세요.

急什么呀，再坐一会儿吧。
Jí shénme ya, zài zuò yíhuìr ba
지 션머 야, 짜이 쭈어 이후알 바

살펴 가세요. 시간이 있으면 또 놀러 오세요.

你慢走，有时间再来玩儿啊。
Nǐ mànzǒu, yǒu shíjiān zài lái wánr a
니 만저우, 여우 스지엔 짜이 라이 왈 아

▶ 11 대화 다시듣기

A: 시간이 늦었는데 이만 가보겠습니다.
B: 시간 있으면 다시 오세요. 안녕히 가세요.

204

Unit 12 난처할 때

>> 녹음을 듣고 소리내어 읽어보세요?

Mini Talk

A: 我丢了护照, 怎么办好呢?

Wǒ diū le hùzhào, zěnme bàn hǎo ne

워 띠우 러 후짜오, 전머 빤 하오 너

여권을 잃어버렸는데 어쩌면 좋죠?

B: 先给领事馆打电话吧。

Xiān gěi lǐngshìguǎn dǎ diànhuà ba

시엔 게이 링스구안 다 띠엔후아 바

먼저 영사관에 전화하세요.

Check Point!

낯선 외국에서 문화의 차이나 의사소통 등 여러 가지 이유로 난처한 상황에 빠질 수 있으므로 다양한 표현을 익혀둡시다. 救命啊, 有人吗(jiù mìng a, yǒu rén ma)?로 도움을 요청할 수 있으며 중국의 범죄 신고는 110, 화재는 119, 의료구조 120, 전화번호 안내는 114번이므로 긴급상황 시에 필요한 번호를 숙지해 두면 많은 도움이 될 것입니다.

Basic Expression

좀 도와주세요.

请你帮帮忙吧。

Qǐng nǐ bāngbang máng ba
칭 니 빵방 망 바

문제가 생겼어요.

有问题了。

Yǒu wèntí le
여우 원티 러

큰일 났어요.

不好了。

Bù hǎo le
뿌 하오 러

아이가 안 보여요, 어쩌죠?

孩子不见了，怎么办?

Háizi bú jiàn le, zěnme bàn
하이즈 부 찌엔 러, 전머 빤

여권을 잃어버렸어요.

我丢了护照。

Wǒ diū le hùzhào
워 띠우 러 후짜오

무슨 좋은 방법은 없을까요?

没有什么好办法吗?

Méiyǒu shénme hǎo bànfǎ ma
메이여우 션머 하오 빤파 마

▶ **12 대화 다시듣기**

A: 여권을 잃어버렸는데 어쩌면 좋죠? ☐ ☐ ☐

B: 먼저 영사관에 전화하세요.

206

Unit
13 말이 통하지않을 때

>> 녹음을 듣고 소리내어 읽어보세요?

Mini Talk

A: 对不起, 我不懂汉语。

Duìbuqǐ, wǒ bùdǒng Hànyǔ
뚜에이부치, 워 뿌동 한위

죄송합니다, 전 중국어를 모릅니다.

B: 你是哪儿来的?

Nǐ shì nǎr lái de
니 스 날 라이 더

어디서 오셨어요?

Check Point!

'~을 할 줄 알다'라고 말할 때 조동사 会(huì)를 씁니다. 배워서 할 줄 아는 것을 말하는데 예를 들어 '중국어를 할 줄 알다'라고 말하려면 我会说汉语(Wǒ huì shuō Hànyǔ)라고 합니다. 부정은 我不会说汉语(Wǒ bú huì shuō Hànyǔ), 의문문은 你会说汉语吗(Nǐ huì shuō Hànyǔ ma?)라고 하면 됩니다. 무슨 뜻인지 물을 때는 那是什么意思(Nà shì shénme yìsi)?라고 합니다.

중국어 할 줄 아세요?

你会说汉语吗?

Nǐ huì shuō Hànyǔ ma

니 후에이 수어 한위 마

중국어를 할 줄 몰라요.

我不会说汉语。

Wǒ búhuì shuō Hànyǔ

워 부후에이 수어 한위

천천히 말씀해 주시면 알겠습니다.

你慢点儿说，我会明白的。

Nǐ màn diǎnr shuō, wǒ huì míngbái de

니 만 디알 수어, 워 후에이 밍빠이 더

그건 무슨 뜻이죠?

那是什么意思?

Nà shì shénme yìsi

나 스 션머 이쓰

좀 써 주세요.

请写一下。

Qǐng xiě yíxià

칭 시에 이시아

한국어로 된 건 없나요?

有没有用韩语写的?

Yǒuméiyǒu yòng Hányǔ xiě de

여우메이여우 용 한위 시에 더

▶ **13 대화 다시듣기**

A: 죄송합니다, 전 중국어를 모릅니다.   ☐ ☐ ☐

B: 어디서 오셨어요?

학습일 / □

>> 녹음을 듣고 소리내어 읽어보세요?

Mini Talk

A: 小心! 汽车来了。

Xiǎoxīn! qìchē lái le
시아오신! 치처 라이 러

조심해요! 자동차가 오잖아요.

B: 我看是绿灯, 车怎么横冲过来呢?

Wǒ kàn shì lùdēng, chē zěnme héngchōng guòlái ne
워 칸 스 뤼떵, 처 전머 흐엉총 구어라이 너

초록색 불인데 어째서
차가 지나가는 거죠?

Check Point!

公安局(gōngānjú)이라고 하면 범죄활동 단속이나 공공질서 유지와 같은 업무를 담당하는 경찰과 비슷한 기관입니다. 이 기관에서 일하는 사람을 公安(gōngān)이라고 하는데 사람들이 많이 찾는 공공장소에서 쉽게 볼 수 있습니다. 위급할 때 '조심해요!'라고 외칠 때 小心(xiǎoxīn)! 또는 当心(dāngxīn)!이라고 합니다.

Basic Expression

위험해요!

危险!

Wēixiǎn
웨이시엔

조심해요, 차가 오잖아요.

当心! 汽车来了。

Dāngxīn! Qìchē lái le
땅신! 치처 라이 러

조심해서 건너세요.

小心过马路!

Xiǎoxīn guò mǎlù
시아오신 꾸어 마루

사람 살려요!

救人啊!

Jiù rén a
지우 런 아

누구 없어요!

来人啊!

Lái rén a
라이 런 아

비켜요!

让一让!

Ràngyīràng
랑이랑

▶ **14 대화 다시듣기**

A: 조심해요! 자동차가 오잖아요. ☐ ☐ ☐
B: 초록색 불인데 어째서 차가 지나가는 거죠?

Unit 15 도움을 청할 때

>> 녹음을 듣고 소리내어 읽어보세요?

Mini Talk

A: **请帮我报警。**

Qǐng bāng wǒ bàojǐng

칭 빵 워 빠오징

경찰에 신고해주세요.

B: **你怎么样?**

Nǐ zěnmeyàng

니 전머양

당신은 어떻습니까?

Check Point!

다급한 상황에서 도움을 청할 때 역시 위급할 때처럼 来人啊(lái rén a) 또는 救人啊(jiù rén a)라고 외치면 됩니다. '돕다'라는 중국어 표현은 帮(bāng)입니다. '도와주세요'라고 말하려면 请帮帮我(qǐng bāngbang wǒ)라고 하고 '~하도록 도와주세요'라고 부탁하려면 请帮我 (qǐng bāng wǒ ~)라고 문장을 시작한 후 부탁할 내용을 이어서 말하면 됩니다.

Basic Expression

도와주세요!

请帮帮忙!

Qǐng bāngbang máng

칭 빵방 망

빨리 구급차를 불러 주세요!

快叫救护车!

Kuài jiào jiùhùchē

쿠아이 지아오 지우후처

빨리 의사를 불러 주세요.

快叫医生。

Kuài jiào yīshēng

쿠아이 지아오 이성

빨리 경찰을 불러요!

快叫警察!

Kuài jiào jǐngchá

쿠아이 지아오 징차

응급실은 어디죠?

急诊处在哪儿?

Jízhěnchù zài nǎr

지전추 짜이 날

움직일 수 없어요. 도와주세요.

我动不了了，请帮帮我。

Wǒ dòng bu liǎo le, qǐng bāngbang wǒ

워 똥 부 리아오 러, 칭 빵방 워

▶ 15 대화 다시듣기

A: 경찰에 신고해주세요.

B: 당신은 어떻습니까?

212

Unit 16 물건을 분실했을 때

>> 녹음을 듣고 소리내어 읽어보세요?

Mini Talk

A: **您有什么事吗?**

Nín yǒu shénme shì ma

닌 여우 선머 스 마

무슨 일로 오셨습니까?

B: **我的护照丢了。现在怎么办?**

Wǒ de hùzhào diū le. Xiànzài zěnme bàn

워 더 후짜오 띠우 러. 시엔짜이 전머 빤

제 여권을 잃어버렸습니다.
이제 어쩌죠?

Check Point!

도난이나 물건을 분실했을 경우, 먼저 공안국 외사과(公安局外事科)로 가서 도난, 분실 경위를 상세히 기술하면 담당자가 조서를 꾸며주지만, 다시 찾을 가능성은 극히 적습니다. 여권을 도난, 분실했다면 공안국에서 도난(분실) 증명서를 발급받아야 하며, 여권용 사진 2장을 지참한 뒤 한국영사관에 가서 임시여권 재발급 신청서를 작성하여 제출해야 합니다.

열차 안에 지갑을 두고 내렸어요.

钱包丢在火车上了。

Qiánbāo diū zài huǒchē shàng le
칭빠오 띠우 짜이 후어처 샹 러

신용카드를 잃어버렸어요.

我丢了信用卡。

Wǒ diū le xìnyòngkǎ
워 띠우 러 신용카

여기서 카메라 못 보셨어요?

在这儿没看到照相机吗?

Zài zhèr méi kàn dào zhàoxiàngjī ma
짜이 쩔 메이 칸 따오 짜오시앙지 마

분실물 센터는 어디에 있어요?

领取丢失物品的地方在哪里?

Lǐngqǔ diūshī wùpǐn de dìfang zài nǎli
링취 띠우스 우핀 더 디팡 짜이 나리

여권을 잃어버렸는데 좀 찾아주시겠어요?

我把护照丢了，能帮我找找吗?

Wǒ bǎ hùzhào diū le, néng bāng wǒ zhǎozhao ma
워 바 후짜오 띠우 러, 넝 빵 워 자오자오 마

어디서 잃어버렸는지 모르겠어요.

我不知道是在哪儿丢的。

Wǒ bùzhīdao shì zài nǎr diū de
워 뿌즈다오 스 짜이 날 띠우 더

▶ **16 대화 다시듣기**

A: 무슨 일로 오셨습니까? □ □ □

B: 제 여권을 잃어버렸습니다. 이제 어쩌죠?

Unit 17 도난당했을 때

>> 녹음을 듣고 소리내어 읽어보세요?

Mini Talk

A: 有什么倒霉事儿?

Yǒu shénme dǎoméi shìer

여우 션머 다오메이 셜

무슨 재수없는 일이 있어요?

B: 上午逛街的时候, 钱包被小偷偷走了。

Shàngwǔ guàngjiē de shíhou, qiánbāo bèi xiǎotōu tōuzǒule

샹우 꾸앙지에 더 스허우,

치엔빠오 뻬이 시아오터우 터우저우러

오전에 쇼핑할 때

지갑을 도둑맞았어요.

Check Point!

被는 '~에 의해서 ~을 당하다'라는 의미의 피동문을 만듭니다. '지갑을 도둑맞았다'라고 말하려면 我的钱包被偷走了라고 합니다. 이때 누가 가져갔는지 행위자를 모르기 때문에 被 다음에 사람을 생략합니다. 중국에서 살면서 빈번하게 도난당하는 물건을 꼽으라면 아마도 자전거일 겁니다. 너무 좋은 자전거를 구입하지 않는 것도 한 가지 예방책입니다.

215

거기 서! 도둑이야!

站住! 小偷!

Zhànzhù! Xiǎotōu

잔쭈! 시아오터우

저놈이 내 가방을 뺐어갔어요!

是他把我的提包拿走了。

Shì tā bǎ wǒ de tíbāo názǒule

스 타 바 워 더 티빠오 나저우러

저 전거를 도둑맞았어요!

我的自行车被偷了。

Wǒ de zìxíngchē bèi tōule

워 더 쯔싱처 뻬이 터우러

지갑을 소매치기 당한 것 같아요.

钱包被小偷偷走了。

Qiánbāo bèi xiǎotōu tōuzǒule

치엔빠오 베이 시아오터우 터우저우러

돈은 얼마나 잃어버렸어요?

丢了多少钱?

Diūle duōshǎo qián

띠우러 뚜어샤오 치엔

경찰에 신고하실래요?

你要报警吗?

Nǐ yào bàojǐng ma

니 야오 빠오징 마

▶ 17 대화 다시듣기

A: 무슨 재수없는 일이 있어요? ☐ ☐ ☐

B: 오전에 쇼핑할 때 지갑을 도둑맞았어요.

Unit 18 교통사고가 났을 때

>> 녹음을 듣고 소리내어 읽어보세요?

Mini Talk

A: **你没事吧?**

Nǐ méi shì ba

니 메이 스 바

괜찮으세요?

B: **我没事, 可是一动也动不了了。**

Wǒ méi shì, kěshì yídòng yě dòng bù liǎole

워 메이 스, 크어스 이똥 이에 똥 뿌리아오 러

전 괜찮은데
움직일 수가 없어요.

Check Point!

중국은 운전자들이 운전을 험하게 하고 교통이 혼잡해서 교통사고가 빈번하게
일어나는 곳입니다. 중국에서 교통사고가 발생했을 때 즉시 122 혹은 110으로
신고하고 현장을 보존하고 증거와 증인을 확보해야 합니다. 현장을 보존함과 동
시에 목격자와 인명피해 정도, 차량 파손상태, 관련 차량번호, 보험 가입 여부 등
을 확인하고 기록합니다.

Basic Expression

교통사고가 났어요.

出事故了。

Chū shìgù le

추 스꾸 러

어서 신고하세요.

快打电话报警。

Kuài dǎ diànhuà bàojǐng

쿠아이 다 띠엔후아 빠오징

구급차를 불러 주세요.

快叫救护车。

Kuài jiào jiùhùchē

쿠아이 지아오 지우후처

저를 병원으로 데려가 주시겠어요?

请送我到医院可以吗?

Qǐng sòng wǒ dào yīyuàn kěyǐ ma

칭 쏭 워 따오 이위엔 크어이 마

당시 상황을 알려주세요.

请告诉我当时的情况。

Qǐng gàosu wǒ dāngshí de qíngkuàng

칭 까오쑤 워 땅스 더 칭쿠앙

상황이 잘 기억나지 않아요.

记不清是什么情况了。

Jìbùqīng shì shénme qíngkuàng le

지부칭 스 션머 칭쿠앙 러

▶ 18 대화 다시듣기

A: 괜찮으세요?

B: 전 괜찮은데 움직일 수가 없어요.

☐ ☐ ☐

>> 녹음을 듣고 소리내어 읽어보세요?

Mini Talk

A: 你好，我想挂门诊。

Nǐ hǎo, wǒ xiǎng guà ménzhěn

니 하오, 워 시앙 꾸안 먼전

안녕하세요, 접수하고 싶은데요.

B: 请出示门诊病历手册和就诊卡。

Qǐng chūshì ménzhěnbìnglì shǒucè hé jiùzhěnkǎ

칭 추스 먼전삥리 셔우처 흐어 지우전카

진료수첩과 진료카드를
보여주세요.

Check Point!

중국 병원에서 진찰을 받으려면 우선 접수(挂号 guàhào)를 해야 합니다. 挂号
处(guàhàochù)라고 써진 창구에서 자신이 받고 싶은 진료과목 등을 말하면 됩
니다. 특정 의사에게 진료받기를 원한다면 접수할 때 미리 말해야 합니다. 접수
처에서 진료수첩(门诊病历手册)을 파는데 중국에서는 의사가 진료한 내용과 처
방을 진료수첩에 기록을 해줍니다.

이 근처에 병원이 있나요?

这附近有没有医院?

Zhè fùjìn yǒuméiyǒu yīyuàn

쩌 푸찐 여우메이여우 이위엔

진찰을 받고 싶은데요.

我想看病。

Wǒ xiǎng kànbìng

워 시앙 칸삥

접수처가 어디죠?

挂号处在哪儿?

Guàhàochù zài nǎr

꾸아하오추 짜이 날

안녕하세요, 접수하고 싶은데요.

你好，我想挂门诊。

Nǐ hǎo, wǒ xiǎng guà ménzhěn

니 하오, 워 시앙 꾸아 먼전

어떤 과에서 진찰받고 싶으세요?

你要看哪一科?

Nǐ yào kàn nǎ yìkē

니 야오 칸 나 이크어

어디서 약을 받나요?

在哪儿取药?

Zài nǎr qǔyào

짜이 날 취야오

▶ 19 대화 다시듣기

A: 안녕하세요, 접수하고 싶은데요. ☐ ☐ ☐

B: 진료수첩과 진료카드를 보여주세요.

학습일 / □

>> 녹음을 듣고 소리내어 읽어보세요?

Mini Talk

A: 怎么了? 你哪儿不舒服?

Zěnme le? Nǐ nǎr bùshūfu

전머 러? 니 날 뿌수푸

어떠세요? 어디가 불편하시죠?

B: 我从昨天晚上开始头痛, 发烧。

Wǒ cóng zuótiān wǎnshang kāishǐ tóuténg, fāshāo

워 총 주어티엔 완상 카이스 터우텅,
파샤오

어제 저녁부터 머리가 아프고
열이 나요.

Check Point!

일반적으로 아픈 곳을 물어볼 때 你哪儿不舒服(Nǐ nǎr bù shūfu)?라고 합니다.
이 표현은 병원에서 의사가 환자를 진찰할 때 묻기도 하고 평소 안색이 안 좋거
나 불편해보일 때 물어보는 말로도 씁니다. 접수처에서 증세를 말하고 어떤 과로
가야 하는지 판단하기 때문에 당황하지 않으려면 중국어로 된 표현을 미리 준비
하는 편이 좋습니다.

어디가 아프세요?

你哪儿不舒服?

Nǐ nǎr bùshūfu

니 날 뿌수푸

어떻게 안 좋으세요?

怎么不舒服?

Zěnme bùshūfu

전머 뿌수푸

열은 나세요?

发烧吗?

Fāshāo ma

파샤오 마

기침은 하세요?

咳嗽吗?

Késou ma

크어써우 마

소화는 어떠세요?

消化怎么样?

Xiāohuà zěnmeyàng

시아오후아 전머양

불편한 지 얼마나 됐죠?

不舒服有多久了?

Bùshūfu yǒu duōjiǔ le

뿌수푸 여우 뚜어지우 러

> ▶ 20 대화 다시듣기

A: 어떠세요? 어디가 불편하시죠? ☐ ☐ ☐

B: 어제 저녁부터 머리가 아프고 열이 나요.

>> 녹음을 듣고 소리내어 읽어보세요?

Mini Talk

A: 我喉咙痛，流鼻涕，头疼。

Wǒ hóulóng tòng, liú bítì, tóuténg

워 허우롱 통, 리우 비티, 터우텅

목이 아프고 콧물도 흐르고 머리가 아파요.

B: 你这个样子多久了?

Nǐ zhège yàngzi duōjiǔ le

니 쩌거 이엔즈 뚜어지우 러

이런 증상이 얼마나 됐죠?

Check Point!

중국의 병원은 중의원(中医院 zhōngyīyuàn)과 서양식 병원(西医院 xīyīyuàn)
이 있고, 이 두 가지를 겸하는 병원 中西医结合医院(zhōngxīyī jiéhé yīyuàn)도
있습니다. 中医院에 가면 증세를 설명하고 진맥 诊脉(zhěnmài)을 합니다. 증상
을 설명할 때 어느 부위가 아프거나 안 좋을 때 不舒服(bù shūfu), 疼(téng) 또
는 难受(nánshòu)라고 말합니다.

현기증이 좀 나요.

我有点儿头晕。

Wǒ yǒudiǎnr tóuyūn

워 여우디알 터우윈

무엇 때문인지 머리가 약간 어지러워요.

不知怎么的头有点儿发昏。

Bùzhī zěnme de tóu yǒudiǎnr fāhūn

뿌즈 전머 더 터우 여우디알 파훈

머리가 아프고, 좀 어지러워요.

头疼，还有点儿晕。

Tóuténg, hái yǒudiǎnr yūn

터우텅, 하이 여우디알 윈

목이 아프고 콧물이 흐르고 머리가 아파요.

我喉咙痛，流鼻涕，头疼。

Wǒ hóulóng tòng, liú bítì, tóuténg

워 허우롱 통, 리우 비티, 터우텅

요 며칠 배가 아프고 설사도 했어요.

这几天肚子疼，还拉肚子。

Zhè jǐtiān dùzi téng, hái lā dùzi

쩌 지티엔 뚜즈 텅, 하이 라 뚜즈

눈이 충혈되고 굉장히 가려워요.

眼睛发红，特别痒。

Yǎnjing fāhóng, tèbié yǎng

이엔징 파홍, 트어비에 양

▶ 21 대화 다시듣기

A: 목이 아프고 콧물도 흐르고 머리가 아파요. ☐ ☐ ☐
B: 이런 증상이 얼마나 됐죠?

>> 녹음을 듣고 소리내어 읽어보세요?

Mini Talk

A: 你去医院检查了吗?

Nǐ qù yīyuàn jiǎnchá le ma

니 취 이이엔 지엔차 러 마

병원에 가서 검사해봤어요?

B: 去过了。

Qù guo le

취 구어 러

갔었습니다.

Check Point!

접수를 하고 진료실에서 진찰을 받고난 후 추가로 검사할 사항이 있으면 먼저 수납을 하고 해당 검사실에 가서 검사를 받습니다. 수납처는 收费处(shōufèichù)라고 하고 '검사하다' 또는 '검사받다'라는 표현은 做检查(zuò jiǎnchá)라고 합니다. 건강검진은 身体检查(shēntǐ jiǎnchá)라고 하며 신장과 체중부터 CT검사까지 검사유형이 구분되어 있습니다.

225

병원에 가서 검사해 봤어요?

去医院检查了吗?

Qù yīyuàn jiǎnchá le ma
취 이위엔 지엔차 러 마

금년에 건강검진을 받아본 적이 있어요?

今年你做过身体检查吗?

Jīnnián nǐ zuòguò shēntǐ jiǎnchá ma
찐니엔 니 쭈어꾸어 션티 지엔차 마

한번 건강검진을 받아보세요.

我建议你检查一下身体。

Wǒ jiànyì nǐ jiǎnchá yíxià shēntǐ
워 지엔이 니 지엔차 이시아 션티

어떤 항목을 검사하죠?

检查什么项目?

Jiǎnchá shénme xiàngmù
지엔차 션머 시앙무

언제 결과가 나오죠?

什么时候出结果呢?

Shénmeshíhou chū jiéguǒ ne
션머스허우 추 지에구어 너

검사 결과는 어때요?

检查结果怎么样?

Jiǎnchá jiéguǒ zěnmeyàng
지엔차 지에구어 전머양

▶ **22 대화 다시듣기**

A: 병원에 가서 검사해봤어요?

B: 갔었습니다.

□ □ □

226

Unit 23 입원 또는 퇴원할 때

>> 녹음을 듣고 소리내어 읽어보세요?

Mini Talk

A: 你的病情较严重，得住院治疗。

Nǐ de bìngqíng jiào yánzhòng, děi zhùyuàn zhìliáo

니 더 삥칭 지아오 이엔쫑, 데이 쭈위엔 쯔리아오

병세가 심각해서 입원치료를 받아야 합니다.

B: 要住几天?

Yào zhù jǐtiān

야오 쭈 지티엔

며칠 입원해야 하나요?

Check Point!

병원에 입원하는 것을 住院(zhùyuàn), 퇴원하는 것을 出院(chūyuàn)이라고 합니다. 입원환자들의 병실은 住院病房(zhùyuàn bìngfáng)이라고 하며 입원비에 따라 여러 종류로 나뉘어 있습니다. 환자를 간호하는 것은 陪护(péihù)라고하거나 '돌보다'는 뜻을 가진 照顾(zhàogù)라고 합니다. 며칠 입원해야 하는지물을 때는 要住几天(Yào zhù jǐtiān)?이라고 합니다.

그이는 입원치료를 받아야 해요.

他得住院治疗。

Tā děi zhùyuàn zhìliáo
타 데이 쭈위엔 쯔리아오

업무과에 가셔서 입원수속을 해주세요.

请到住院处办理住院手续。

Qǐng dào zhùyuànchù bànlǐ zhùyuàn shǒuxù
칭 따오 쭈위엔추 빤리 쭈위엔 셔우쉬

입원비는 언제 내죠?

住院费什么时候交?

Zhùyuànfèi shénmeshíhou jiāo
쭈위엔페이 션머스허우 지아오

언제쯤 퇴원할 수 있을까요?

什么时候可以出院?

Shénmeshíhou kěyǐ chūyuàn
션머스허우 크어이 추위엔

퇴원 후 집에서 한동안 쉬어야 합니다.

出院后，得在家里休息一段日子。

Chūyuàn hòu, děi zài jiāli xiūxi yíduàn rìzi
추위엔 허우, 데이 짜이 지아리 시우시 이뚜안 르즈

그는 이미 퇴원했어요.

他已经出院了。

Tā yǐjing chūyuàn le
타 이징 추위엔 러

▶ 23 대화 다시듣기

A: 병세가 심각해서 입원치료를 받아야 합니다.   □ □ □
B: 며칠 입원해야 하나요?

>> 녹음을 듣고 소리내어 읽어보세요?

Mini Talk

A: 听说你生病住院了，我真的好担心你。

Tīngshuō nǐ shēngbìng zhùyuàn le, wǒ zhēnde hǎo dānxīn nǐ

팅수어 니 셩삥 쭈위엔 러, 워 쩐더 하오 딴신 니

아파서 입원했단 소식을 듣고 정말 많이 걱정했어요.

B: 谢谢你来看我。现在好多了。

Xièxie nǐ lái kàn wǒ. Xiànzài hǎo duō le

시에시에 니 라이 칸 워.

시엔짜이 하오 뚜어 러

와주셔서 고맙습니다.

이제 많이 좋아졌어요.

Check Point!

'병문안을 가다'를 探望病人(tànwàng bìngrén)이라고 하고 줄여서 探病(tànbìng)이라고도 합니다. 병세가 어떤지 물어볼 때는 你身体怎么样, 好点儿了吗(Nǐ shēntǐ zěnmeyàng hǎo diǎnr le ma)?라고 합니다. 쾌차를 빌 때는 祝你早日康复(Zhù nǐ zǎorì kāngfù)라고 하고 '몸조리 잘 하세요'라고 할 때는 请多多保重(Qǐng duōduō bǎozhòng)이라고 합니다.

아프다는 소식을 듣고 보러 왔어요.

听说你病了，我来看看你。

Tīngshuō nǐ bìng le, wǒ lái kànkan nǐ

팅수어 니 삥 러, 워 라이 칸칸 니

역시 많이 쉬셔야 좋아요.

最好还是多休息。

Zuì hǎo háishì duō xiūxi

쭈에이 하오 하이스 뚜어 시우시

오늘은 어떠세요, 많이 좋아지셨어요?

你今天怎么样，好点儿了吗?

Nǐ jīntiān zěnmeyàng, hǎo diǎnr le ma

니 진티엔 전머양, 하오 디알 러 마

전보다 많이 좋아졌어요.

比以前好多了。

Bǐ yǐqián hǎo duō le

비 이치엔 하오 뚜어 러

의사는 며칠 더 지나면 당신이 좋아질 거래요.

医生说，再过几天就会好了。

Yīshēng shuō, zài guò jǐtiān jiù huì hǎo le

이성 수어, 짜이 꾸어 지티엔 지우 후에이 하오 러

이렇게 와주셔서 고마워요.

谢谢你特地来看我。

Xièxie nǐ tèdì lái kàn wǒ

시에시에 니 트어띠 라이 칸 워

▶ 24 대화 다시듣기

A: 아파서 입원했단 소식을 듣고 정말 많이 걱정했어요. ☐ ☐ ☐

B: 와주셔서 고맙습니다. 이제 많이 좋아졌어요.

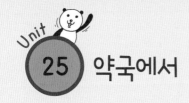

>> 녹음을 듣고 소리내어 읽어보세요?

Mini Talk

A: **你需要什么药?**

Nǐ xūyào shénme yào

니 쉬야오 션머 야오

어떤 약 드릴까요?

B: **消化不好。**

Xiāohuà bù hǎo

시아오후아 뿌 하오

소화가 잘 안돼요.

Check Point!

약을 파는 곳인 약방을 药房(yàofáng)이라고 합니다. 중국의 일반 병원에서는 의사가 처방전(处方笺 chǔfāngjiān)을 지어주면 그것을 가지고 收费(shōufèi)라고 쓰인 곳에 가서 치료비와 약값을 지불한 다음 약 타는 곳인 取药处(qǔyàochù)에서 약을 받으면 됩니다. 대부분의 병원은 中药(zhōngyào 중의약), 西药(xīyào 양약)을 취급하는 곳이 구분되어 있습니다.

이 근처에 약국 있어요?

这附近有药房吗?

Zhè fùjìn yǒu yàofáng ma
쩌 푸진 여우 야오팡 마

이 약은 어떻게 먹죠?

这药该怎么服用?

Zhè yào gāi zěnme fúyòng
쩌 야오 까이 전머 푸용

하루에 몇 번 먹죠?

一天吃几次?

Yìtiān chī jǐcì
이티엔 츠 지츠

하루 세 번, 식후에 드세요.

一天三次，饭后服用。

Yìtiān sāncì, fàn hòu fúyòng
이티엔 싼츠, 판 허우 푸용

두통약 있어요?

有没有头疼药?

Yǒuméiyǒu tóuténgyào
여우메이여우 터우텅야오

중의약을 드릴까요, 양약을 드릴까요?

你要中药还是西药?

Nǐ yào zhōngyào háishì xīyào
니 야오 쫑야오 하이스 시야오

▶ **25 대화 다시듣기**

A: 어떤 약 드릴까요?

B: 소화가 잘 안돼요.

□ □ □

★ 앞에서 배운 대화 내용입니다. 한글을 중국어로 말해보세요. 잘 모르시겠다고요?
   걱정마세요. 녹음이 있잖아요. 그리고 정답은 각 유닛에서 확인하세요.

01 A: 여보세요, 장선생님 부탁합니다.
   B: 我就是, 是李先生吗?

02 A: 对不起, 지금 전화를 받기 곤란하십니다.
   B: 那转告他给我回电话, 好吗?

03 A: 오늘 오후 스케줄 있어요?
   B: 下午我要开会。

04 A: 今天下午怎么安排?
   B: 对不起, 저녁에 다른 약속 있거든.

05 A: 很抱歉, 오래 기다리셨죠.
   B: 你看, 已经过8点了。你怎么才来呢?

06 A: 周六想请你吃晚饭, 可以吗?
   B: 무슨 일이 있어요?

07 A: 明天有聚会, 请你来玩儿。
   B: 초대해주셔서 고마워요.

08 A: 작은 선물을 가져왔는데 받으세요.
   B: 你太客气了, 谢谢。

09 A: 어서 들어오세요, 환영합니다!
   B: 谢谢!

10 A: 你们谈, 我做饭去。
   B: 정말 죄송하네요, 번거롭게 해드려서요.

11 A: 时间不早了, 이만 가보겠습니다.
   B: 如果你有空儿, 欢迎再来。再见。

12 A: 我丢了护照, 어쩌면 좋죠?
   B: 先给领事馆打电话吧。

13 A: 对不起, 전 중국어를 모릅니다.
　　B: 你是哪儿来的?

14 A: 조심해요! 汽车来了。
　　B: 我看是绿灯, 车怎么横冲过来呢?

15 A: 경찰에 신고해주세요.
　　B: 你怎么样?

16 A: 您有什么事吗?
　　B: 제 여권을 잃어버렸습니다. 现在怎么办?

17 A: 有什么倒霉事儿?
　　B: 上午逛街的时候, 지갑을 도둑맞았어요.

18 A: 괜찮으세요?
　　B: 我没事, 可是一动也动不了了。

19 A: 你好, 접수하고 싶은데요.
　　B: 请出示门诊病历手册和就诊卡。

20 A: 怎么了? 어디가 불편하시죠?
　　B: 我从昨天晚上开始头痛, 发烧。

21 A: 我喉咙痛, 콧물도 흐르고 머리가 아파요.
　　B: 你这个样子多久了?

22 A: 병원에 가서 검사해봤어요?
　　B: 去过了。

23 A: 你的病情较严重, 입원치료를 받아야 합니다.
　　B: 要住几天?

24 A: 听说你生病住院了, 我真的好担心你。
　　B: 谢谢你来看我。 이제 많이 좋아졌어요.

25 A: 어떤 약 드릴까요?
　　B: 消化不好。

做得好!

234

PART

부록

얘!

단어

회화를 위한 기본단어

■ 숫자

- [ ] 零(líng) 영
- [ ] 一(yī) 일, 1
- [ ] 二(èr) 이, 2
- [ ] 三(sān) 삼, 3
- [ ] 四(sì) 사, 4
- [ ] 五(wǔ) 오, 5
- [ ] 六(liù) 육, 6
- [ ] 七(qī) 칠, 7
- [ ] 八(bā) 팔
- [ ] 九(jiǔ) 구, 9
- [ ] 十(shí) 십, 10
- [ ] 二十(èrshí) 이십, 20
- [ ] 三十(sānshí) 삼십, 30
- [ ] 四十(sìshí) 사십, 40
- [ ] 五十(wǔshí) 오십, 50
- [ ] 六十(liùshí) 육십, 60
- [ ] 七十(qīshí) 칠십, 70
- [ ] 八十(bāshí) 팔십, 80
- [ ] 九十(jiǔshí) 구십, 90
- [ ] 百(bǎi) 백, 100
- [ ] 二百(èrbǎi) 이백, 200
- [ ] 三百(sānbǎi) 삼백, 300
- [ ] 四百(sìbǎi) 사백, 400
- [ ] 五百(wǔbǎi) 오백, 500
- [ ] 六百(liùbǎi) 육백, 600

- [ ] 七百(qībǎi) 칠백, 700
- [ ] 八百(bābǎi) 팔백, 800
- [ ] 九百(jiǔbǎi) 구백, 900
- [ ] 一千(yìqiān) 천, 1,000
- [ ] 两千(liǎngqiān) 이천, 2,000
- [ ] 三千(sānqiān) 삼천, 3,000
- [ ] 四千(sìqiān) 사천, 4,000
- [ ] 五千(wǔqiān) 오천 5,000
- [ ] 六千(liùqiān)육천, 6,000
- [ ] 七千(qīqiān) 칠천, 7,000
- [ ] 八千(bāqiān) 팔천, 8,000
- [ ] 九千(jiǔqiān) 구천, 9,000
- [ ] 一万(yíwàn) 만, 10,000
- [ ] 二万(èrwàn) 이만, 20,000
- [ ] 三万(sānwàn) 삼만, 30,000
- [ ] 四万(sìwàn) 사만, 40,000
- [ ] 五万(wǔwàn) 오만, 50,000
- [ ] 六万(liùwàn) 육만, 60,000
- [ ] 七万(qīwàn) 칠만, 70,000
- [ ] 八万(bāwàn) 팔만, 80,000
- [ ] 九万(jiǔwàn) 구만, 90,000
- [ ] 十万(shíwàn) 십만, 100,000
- [ ] 百万(bǎiwàn) 백만, 1,000,000
- [ ] 千万(qiānwàn) 천만, 10,000,000
- [ ] 亿(yì) 억
- [ ] 十亿(shíyì) 십억

- □ 百亿(bǎiyì) 백억
- □ 千亿(qiānyì) 천억

■ 시간

- □ 一点(yìdiǎn) 한 시, 1시
- □ 二点(èrdiǎn) 두 시, 2시
- □ 三点(sāndiǎn) 세 시, 3시
- □ 四点(sìdiǎn) 네 시, 4시
- □ 五点(wǔdiǎn) 다섯 시, 5시
- □ 六点(liùdiǎn) 여섯 시, 6시
- □ 七点(qīdiǎn) 일곱 시, 7시
- □ 八点(bādiǎn) 여덟 시, 8시
- □ 九点(jiǔdiǎn) 아홉 시, 9시
- □ 十点(shídiǎn) 열 시, 10시
- □ 十一点(shíyìdiǎn) 열한 시, 11시
- □ 十二点(shí'èrdiǎn) 열두 시, 12시
- □ 几点(jǐdiǎn) 몇 시
- □ ~分(fēn) ~분
- □ 几分(jǐfēn) 몇 분
- □ ~秒(miǎo) ~초
- □ 几秒(jǐmiǎo) 몇 초

■ 날짜

- □ 一日/号(yīrì/hào) 1일
- □ 二日/号(èrrì/hào) 2일
- □ 三日/号(sānrì/hào) 3일
- □ 四日/号(sìrì/hào) 4일

- □ 五日/号(wǔrì/hào) 5일
- □ 六日/号(liùrì/hào) 6육
- □ 七日/号(qīrì/hào) 7일
- □ 八日/号(bārì/hào) 8일
- □ 九日/号(jiǔrì/hào) 9일
- □ 十日/号(shírì/hào) 10일
- □ 十一日/号(shíyìrì/hào) 11일
- □ 二十日/号(èrshírì/hào) 20일
- □ 二十一日/号(èrshíyírì/hào) 21일
- □ 三十日/号(sānshírì/hào) 30일
- □ 三十一日/号(sānshíyírì/hào) 31일
- □ 几号(jǐhào) 며칠

■ 요일

- □ 星期一(xīngqīyī) 월요일
- □ 星期二(xīngqīèr) 화요일
- □ 星期三(xīngqīsān) 수요일
- □ 星期四(xīngqīsì) 목요일
- □ 星期五(xīngqīwǔ) 금요일
- □ 星期六(xīngqīliù) 토요일
- □ 星期日(xīngqīrì) 일요일
- □ 星期天(xīngqītiān) 일요일
- □ 星期几(xīngqījǐ) 무슨 요일

■ 월

- □ 一月(yīyuè) 1월

- ☐ 二月(èryuè) 2월
- ☐ 三月(sānyuè) 3월
- ☐ 四月(sìyuè) 4월
- ☐ 五月(wǔyuè) 5월
- ☐ 六月(liùyuè) 6월
- ☐ 七月(qīyuè) 7월
- ☐ 八月(bāyuè) 8월
- ☐ 九月(jiǔyuè) 9월
- ☐ 十月(shíyuè) 10월
- ☐ 十一月(shíyīyuè) 11월
- ☐ 十二月(shíèryuè) 12월
- ☐ 几月(jǐyuè) 몇 월

■ 때

- ☐ 时间(shíjiān) 시간
- ☐ 时候(shíhòu) 때, 시
- ☐ 时刻(shíkè) 시각
- ☐ 现在(xiànzài) 현재, 지금
- ☐ 过去(guòqù) 과거
- ☐ 未来(wèilái) 미래
- ☐ 以前(yǐqián) 이전
- ☐ 以后(yǐhòu) 이후, 그후
- ☐ 最近(zuìjìn) 최근, 요즘
- ☐ 最初(zuìchū) 최초, 처음
- ☐ 最后(zuìhòu) 최후, 마지막
- ☐ 世纪(shìjì) 세기

- ☐ 年(nián) 연, 해
- ☐ 前年(qiánnián) 재작년
- ☐ 去年(qùnián) 작년
- ☐ 今年(jīnnián) 금년, 올해
- ☐ 明年(míngnián) 내년, 명년
- ☐ 后年(hòunián) 내후년
- ☐ 每年(měinián) 매년
- ☐ 新年(xīnnián) 신년, 새해
- ☐ 月(yuè) 월, 달
- ☐ 上个月(shànggeyuè) 지난달
- ☐ 这个月(zhègeyuè) 이번달
- ☐ 下个月(xiàgeyuè) 다음달
- ☐ 每月(měiyuè) 매달, 매월
- ☐ 星期(xīngqī) 주, 주간
- ☐ 周末(zhōumò) 주말
- ☐ 上个星期(shànggexīngqī) 지난주
- ☐ 这个星期(zhègexīngqī) 이번주
- ☐ 下个星期(xiàgexīngqī) 다음주
- ☐ 每星期(měixīngqī) 매주
- ☐ 日(rì) 일
- ☐ 日子(rìzi) 날, 날짜
- ☐ 前天(qiántiān) 그제
- ☐ 昨天(zuótiān) 어제
- ☐ 今天(jīntiān) 오늘
- ☐ 明天(míngtiān) 내일

- 后天(hòutiān) 모레
- 天天(tiāntiān) 매일
- 每天(měitiān) 매일
- 第二天(dìèrtiān) 다음날
- 整天(zhěngtiān) 온종일
- 半天(bàntiān) 반나절
- 天亮(tiānliàng) 새벽
- 早上(zǎoshàng) 아침
- 白天(báitiān) 낮
- 上午(shàngwǔ) 오전
- 中午(zhōngwǔ) 정오
- 下午(xiàwǔ) 오후
- 晚上(wǎnshàng) 저녁
- 夜(yè) 밤
- 半夜(bànyè) 한밤중

■ 지시대명사

- 这个(zhège) 이것그것
- 那个(nàge) 저것
- 哪个(nǎge) 어느 것
- 这里(zhèli) 여기
- 那里(nàli) 저기, 거기
- 哪里(nǎli) 어디
- 这边(zhèbian) 이쪽
- 那边(nàbian) 저쪽, 그쪽
- 哪边(nǎbian) 어느 쪽

■ 인칭대명사

- 我(wǒ) 나
- 我们(wǒmen) 우리들
- 你(nǐ) 당신
- 您(nín) 당신(존경)
- 你们(nǐmen) 당신들
- 先生(xiānshēng) 씨
- 小姐(xiǎojiě) 양
- 他(tā) 그, 그이
- 她(tā) 그녀

■ 의문사

- 什么时候(shénmeshíhòu) 언제
- 什么地方(shénmedìfang) 어디
- 谁(shéi) 누구
- 什么(shénme) 무엇
- 为什么(wéishénme) 왜
- 怎么(zěnme) 어떻게
- 怎么样(zěnmeyàng) 어떻게

■ 위치와 방향

- 上(shàng) 위
- 中(zhōng) 간운데
- 下(xià) 아래
- 左边(zuǒbiān) 왼쪽
- 右边(yòubiān) 오른쪽

- [ ] 左右(zuǒyòu) 좌우
- [ ] 东边(dōngbiān) 동쪽
- [ ] 西边(xībiān) 서쪽
- [ ] 南边(nánbiān) 남쪽
- [ ] 北边(běibiān) 북쪽
- [ ] 前边(qiánbiān) 앞
- [ ] 后边(hòubiān) 뒤
- [ ] 旁边(pángbiān) 옆, 가로
- [ ] ～从(cóng) ～부터
- [ ] ～到(dào) ～까지

■ 사계절

- [ ] 季节(jìjié) 계절
- [ ] 春天(chūntiān) 봄
- [ ] 夏天(xiàtiān) 여름
- [ ] 秋天(qiūtiān) 가을
- [ ] 冬天(dōngtiān) 겨울

■ 가족과 사람

- [ ] 男人(nánrén) 남자
- [ ] 女人(nǚrén) 여자
- [ ] 婴儿(yīng'ér) 아기
- [ ] 小孩子(xiǎoháizi) 어린이
- [ ] 大人(dàrén) 어른
- [ ] 成人(chéngrén) 성인
- [ ] 少年(shàonián) 소년
- [ ] 少女(shàonǚ) 소녀

- [ ] 儿子(érzi) 아들
- [ ] 女儿(nǚér) 딸
- [ ] 兄弟(xiōngdì) 형제
- [ ] 哥哥(gēge) 형
- [ ] 弟弟(dìdi) 동생
- [ ] 姐妹(jiěmèi) 자매
- [ ] 姐姐(jiějie) 누나, 언니
- [ ] 妹妹(mèimei) 누이동생, 여동생
- [ ] 父亲(fùqīn) 아버지
- [ ] 爸爸(bàba) 아빠
- [ ] 母亲(mǔqīn) 어머니
- [ ] 妈妈(māma) 엄마
- [ ] 丈夫(zhàngfu) 남편
- [ ] 妻子(qīzi) 아내
- [ ] 祖父(zǔfù) 할아버지
- [ ] 祖母(zǔmǔ) 할머니
- [ ] 公公(gōnggong) 시아버지
- [ ] 婆婆(pópo) 시어머니
- [ ] 岳父(yuèfù) 장인
- [ ] 岳母(yuèmǔ) 장모
- [ ] 女婿(nǚxù) 사위
- [ ] 媳妇(xífù) 며느리
- [ ] 孙子(sūnzi) 손자
- [ ] 孙女(sūnnǚ) 손녀
- [ ] 朋友(péngyou) 친구
- [ ] 韩国人(hánguórén) 한국인

- ☐ 中国人(zhōngguórén) 중국인
- ☐ 日本人(rìběnrén) 일본인

■ 신체

- ☐ 身体(shēntǐ) 몸
- ☐ 头(tóu) 머리
- ☐ 额头(étóu) 이마
- ☐ 眉毛(méimáo) 눈썹
- ☐ 眼睛(yǎnjīng) 눈
- ☐ 鼻子(bízi) 코
- ☐ 耳朵(ěrduǒ) 귀
- ☐ 嘴(zuǐ) 입
- ☐ 脖子(bózi) 목
- ☐ 吼咙(hǒulóng) 목구멍
- ☐ 肚子(dùzi) 배
- ☐ 肚脐(dùqí) 배꼽
- ☐ 下腹部(xiàfùbù) 아랫배
- ☐ 腰(yāo) 허리
- ☐ 肩膀(jiānbǎng) 어깨
- ☐ 肘(zhǒu) 팔꿈치
- ☐ 手腕(shǒuwàn) 손목
- ☐ 手指(shǒuzhǐ) 손가락
- ☐ 手(shǒu) 손
- ☐ 脚(jiǎo) 다리
- ☐ 膝盖(xīgài) 무릎
- ☐ 臀部(túnbù) 엉덩이

- ☐ 大腿上部(dàtuǐshàngbù) 허벅다리
- ☐ 脚腕(jiǎowàn) 발목
- ☐ 脚尖(jiǎojiān) 발끝

■ 기본 형용사

- ☐ 白(bái) 하얗다
- ☐ 黑(hēi) 까맣다
- ☐ 红(hóng) 빨갛다
- ☐ 蓝(lán) 파랗다
- ☐ 绿(lǜ) 초록
- ☐ 大(dà) 크다
- ☐ 小(xiǎo) 작다
- ☐ 多(duō) 많다
- ☐ 少(shǎo) 적다
- ☐ 长(cháng) 길다
- ☐ 短(duǎn) 짧다
- ☐ 粗(cū) 굵다
- ☐ 细(xì) 가늘다
- ☐ 厚(hòu) 두텁다
- ☐ 薄(báo) 얇다
- ☐ 重(zhòng) 무겁다
- ☐ 轻(qīng) 가볍다
- ☐ 硬(yìng) 딱딱하다
- ☐ 软(ruǎn) 부드럽다
- ☐ 好(hǎo) 좋다
- ☐ 坏(huài) 나쁘다

□ 新(xīn) 새롭다
□ 旧(jiù) 오래되다
□ 高(gāo) 높다
□ 低(dī) 낮다
□ 贵(guì) 비싸다
□ 便宜(piànyí) 싸다
□ 明亮(míngliàng) 밝다
□ 阴暗(yīn'àn) 어둡다
□ 快(kuài) 빠르다
□ 早(zǎo) 이르다
□ 慢(màn) 늦다
□ 容易(róngyì) 쉽다
□ 难(nán) 어렵다
□ 安静(ānjìng) 조용하다
□ 嘈杂(cáozá) 시끄럽다
□ 空闲(kōngxián) 한가하다
□ 忙(máng) 바쁘다
□ 热(rè) 덥다
□ 冷(lěng) 춥다
□ 愉快(yúkuài) 즐겁다
□ 悲伤(bēishāng) 슬프다
□ 干净(gānjìng) 깨끗하다
□ 肮脏(āngzàng) 더럽다
□ 复杂(fùzá) 복잡하다
□ 简单(jiǎndān) 간단하다
□ 方便(fāngbiàn) 편리하다

□ 胖(pàng) 뚱뚱하다
□ 瘦(shòu) 여위다
□ 老(lǎo) 늙다
□ 年轻(niánqīng) 젊다
□ 浓(nóng) 짙다, 진하다
□ 淡(dàn) 엷다, 연하다

■ 성격

□ 性格(xìnggé) 성격
□ 温柔(wēnróu) 온유하다
□ 热情(rèqíng) 친절하다
□ 直率(zhíshuài) 정직하다
□ 优秀(yōuxiù) 우수하다
□ 聪明(cōngming) 총명하다
□ 机灵(jīlíng) 영리하다
□ 认真(rènzhēn) 성실하다
□ 快活(kuàihuó) 쾌활하다
□ 积极(jījí) 적극적이다
□ 冷淡(lěngdàn) 냉담하다
□ 懒惰(lǎnduò) 나태하다
□ 迟钝(chídùn) 둔하다
□ 狂妄(kuángwàng) 방자하다
□ 任性(rènxìng) 제멋대로이다
□ 性急(xìngjí) 성미가 급하다
□ 大方(dàfāng) 대범하다
□ 小气(xiǎoqì) 째째하다

□ 狡猾(jiǎohuá) 교활하다

■ 감정

□ 快乐(kuàilè) 기쁘다, 유쾌하다

□ 高兴(gāoxìng) 즐겁다

□ 喜欢(xǐhuan) 좋아하다

□ 愉快(yúkuài) 유쾌하다

□ 痛快(tòngkuài) 통쾌하다, 후련하다

□ 舒服(shūfu) 쾌적하다

□ 放心(fàngxīn) 안심하다

□ 难过(nánguò) 괴롭다, 슬프다

□ 伤心(shāngxīn) 슬퍼하다, 상심하다

□ 烦躁(fánzào) 초조하다

□ 悲哀(bēi'āi) 비애, 슬픔

□ 痛苦(tòngkǔ) 고통스럽다

□ 悲伤(bēishāng) 슬프고 마음이 쓰리다

□ 着急(zháojí) 조급해하다

□ 生气(shēngqì) 화나다

□ 发愁(fāchóu) 근심하다, 우려하다

□ 失望(shīwàng) 실망하다

□ 害怕(hàipà) 두려워하다, 무서워하다

□ 恐惧(kǒngjù) 겁먹다

□ 后悔(hòuhuǐ) 후회하다

□ 讨厌(tǎoyàn) 싫어하다, 혐오하다

□ 有趣(yǒuqù) 재미있다

□ 没趣(méiqù) 재미없다

□ 苦(kǔ) 고되다, 괴롭다

□ 辛苦(xīnkǔ) 고생하다

□ 幸福(xìngfú) 행복하다

□ 满足(mǎnzú) 만족하다

□ 惊奇(jīngqí) 이상히 여기다

□ 兴奋(xīngfèn) 흥분하다

□ 紧张(jǐnzhāng) 긴장하다

□ 慌张(huāngzhāng) 당황하다, 허둥대다

□ 忍耐(rěnnài) 인내하다, 참다

□ 期望(qīwàng) 기대하다

□ 相信(xiāngxìn) 믿다

□ 怀疑(huáiyí) 의심하다

■ 기본 동사

□ 去(qù) 가다

□ 来(lái) 오다

□ 坐(zuò) 앉다

□ 站(zhàn) 서다

□ 看(kàn) 보다

□ 听(tīng) 듣다

□ 吃(chī) 먹다

□ 喝(hē) 마시다

☐ 洗(xǐ) 씻다
☐ 笑(xiào) 웃다
☐ 哭(kū) 울다
☐ 说(shuō) 말하다
☐ 做(zuò) 하다, 만들다
☐ 拉(lā) 당기다, 끌다
☐ 推(tuī) 밀다
☐ 买(mǎi) 사다
☐ 卖(mài) 팔다
☐ 穿(chuān) 입다, 신다
☐ 脱(tuō) 벗다
☐ 躺(tǎng) 눕다
☐ 起床(qǐchuáng) 일어나다
☐ 想(xiǎng) 생각하다
☐ 喜欢(xǐhuan) 좋아하다
☐ 拿(ná) 쥐다, 잡다
☐ 搬(bān) 옮기다
☐ 打(dǎ) 치다, 때리다

■ 기본 부사

☐ 很(hěn) 매우, 잘
☐ 最(zuì) 가장, 제일
☐ 太(tài) 너무
☐ 更(gēng) 더욱
☐ 比较(bǐjiào) 비교적
☐ 特别(tèbié) 특별히

☐ 稍微(shāowēi) 약간, 조금
☐ 差不多(chābùduō) 거의, 대체로
☐ 大致(dàzhì) 대체로, 대강
☐ 尽量(jìnliáng) 가능한 한
☐ 至少(zhìshǎo) 최소한, 적어도
☐ 实在(shízài) 참으로, 실제로
☐ 果然(guǒrán) 과연
☐ 只好(zhǐhǎo) 단지
☐ 白(bái) 헛되이
☐ 还是(háishi) 여전히
☐ 一定(yídìng) 반드시, 꼭
☐ 一直(yìzhí) 곧바로, 줄곧
☐ 大概(dàgài) 대략, 대개
☐ 仍然(réngrán) 여전히, 변함없이
☐ 又(yòu) 또
☐ 再(zài) 다시
☐ 还(hái) 또한
☐ 刚(gāng) 방금
☐ 钢材(gāngcái) 이제 막
☐ 马上(mǎshàng) 곧, 빨리
☐ 赶快(gǎnkuài) 빨리
☐ 已经(yǐjīng) 이미, 벌써
☐ 正(zhèng) 일찍, 벌써
☐ 才(cái) 바로, 곧
☐ 先(xiān) 먼저
☐ 然后(ránhòu) ～한 후에

□ 就要(jiùyào) 머지않아, 곧
□ 预先(yùxiān) 미리, 우선
□ 忽然(hūrán) 갑자기
□ 偶然(ǒurán) 우연히
□ 本来(běnlái) 원래, 본래
□ 常常(chángcháng) 자주
□ 往往(wǎngwǎng) 왕왕
□ 渐渐地(jiànjiàndì) 점차로
□ 都(dōu) 모두, 다
□ 到处(dàochù) 도처에
□ 不(bù) 아니다, ~않다
□ 没(méi) 없다, 아니다
□ 当然(dāngrán) 당연히

■ 생리현상

□ 气息(qìxī) 호흡, 숨
□ 哈欠(hāqiàn) 하품
□ 喷嚏(pēntì) 재채기
□ 睡语(shuìyǔ) 잠꼬대
□ 屁(pì) 방귀
□ 月经(yuèjīng) 월경
□ 口水(kǒushuǐ) 침, 군침
□ 汗(hán) 땀
□ 泪水(lèishuǐ) 눈물
□ 鼻涕(bítì) 콧물
□ 呼吸(hūxī) 호흡하다, 숨쉬다

□ 喘(chuǎn) 헐떡거리다
□ 打嗝儿(dǎgér) 딸꾹질하다
□ 眨眼(zhǎyǎn) 눈을 깜빡거리다
□ 出汗(chūhán) 땀나다
□ 发困(fākùn) 졸리다
□ 打盹儿(dǎdǔnr) 졸다
□ 尿(niào) 소변보다
□ 拉屎(lāshī) 똥 누다, 대변보다

■ 신분

□ 姓名(xìngmíng) 성명
□ 籍贯(jíguàn) 출생지
□ 年龄(niánlíng) 연령
□ 住址(zhùzhǐ) 주소
□ 出身(chūshēn) 출신
□ 成份(chéngfèn) 성분
□ 工人(gōngrén) 노동자
□ 农民(nóngmín) 농민
□ 军人(jūnrén) 군인
□ 作家(zuòjiā) 작가
□ 教师(jiàoshī) 교사
□ 教员(jiàoyuán) 교원
□ 医生(yīshēng) 의사
□ 大夫(dàifu) 의사
□ 警察(jǐngchá) 경찰
□ 商人(shāngrén) 상인

- ☐ 公务人员(gōngwùrényuán) 공무원
- ☐ 技术员(jìshùyuán) 기술자
- ☐ 工程师(gōngchéngshī) 엔지니어
- ☐ 研究员(yánjiūyuán) 연구원
- ☐ 售货员(shòuhuòyuán) 점원
- ☐ 司机(sījī) 운전수
- ☐ 同志(tóngzhì) 동지
- ☐ 干部(gànbù) 간부
- ☐ 职员(zhíyuán) 직원
- ☐ 宣传员(xuānchuányuán) 선전원

■ 스포츠

- ☐ 足球(zúqiú) 축구
- ☐ 橄榄球(gǎnlǎnqiú) 럭비
- ☐ 排球(páiqiú) 배구
- ☐ 篮球(lánqiú) 농구
- ☐ 棒球(bàngqiú) 야구
- ☐ 乒乓球(pīngpāngqiú) 탁구
- ☐ 羽毛球(yǔmáoqiú) 배드민턴
- ☐ 网球(wǎngqiú) 테니스
- ☐ 游泳(yóuyǒng) 수영
- ☐ 赛马(sàimǎ) 경마
- ☐ 柔道(róudào) 유도
- ☐ 举重(jǔzhòng) 역도
- ☐ 拳击(quánjī) 권투
- ☐ 摔跤(shuāijiāo) 씨름

- ☐ 溜冰(liūbīng) 스케이팅
- ☐ 滑雪(huáxuě) 스키
- ☐ 马拉松(mǎlāsōng) 마라톤
- ☐ 田径赛(tiánjìngsài) 육상경기
- ☐ 体操(tǐcāo) 체조
- ☐ 跳水(tiàoshuǐ) 다이빙
- ☐ 射击(shèjī) 사격
- ☐ 手球(shǒuqiú) 핸드볼
- ☐ 曲棍球(qūgùnqiú) 하키
- ☐ 冰球(bīngqiú) 아이스하키
- ☐ 射箭(shèjiàn) 양궁
- ☐ 高尔夫球(gāo'ěrfūqiú) 골프
- ☐ 保龄球(bǎolíngqiú) 볼링

■ 거리와 도로

- ☐ 高速公路(gāosùgōnglù) 고속도로
- ☐ 国道(guódào) 국도
- ☐ 街道(jiēdào) 거리
- ☐ 十字路口(shízìlùkǒu) 사거리
- ☐ 马路(mǎlù) 대로, 큰길
- ☐ 小巷(xiǎoxiàng) 골목길
- ☐ 单行道(dānxíngdào) 일방통행로
- ☐ 近道(jìndào) 지름길
- ☐ 人行道(rénxíngdào) 인도, 보도
- ☐ 平交道(píngjiāodào) 횡단보도
- ☐ 地下道(dìxiàdào) 지하도

☐ 隧道(suìdào) 터널

☐ 天桥(tiānqiáo) 육교

☐ 红绿灯(hónglǜdēng) 신호등

☐ 红灯(hóngdēng) 적신호

☐ 绿灯(lǜdēng) 청신호

☐ 交通警察(jiāotōngjǐngchá)
　교통경찰

☐ 堵塞(dǔsāi) 교통체증

☐ 路边(lùbiān) 길가

☐ 车道(chēdào) 차도

■ 교통

☐ 上车(shàngchē) 타다

☐ 下车(xiàchē) 내리다

☐ 换车(huànchē) 갈아타다

☐ 开车(kāichē) 운전하다

☐ 停车(tíngchē) 정차하다

☐ 停车场(tíngchēchǎng) 주차장

☐ 执照(zhízhào) 면허증

☐ 站(zhàn) 역

☐ 车站(chēzhàn) 정류장

☐ 终点站(zhōngdiǎnzhàn) 종점

☐ 到站(dàozhàn) 도착하다

☐ 加油站(jiāyóuzhàn) 주유소

☐ 公共汽车(gōnggòngqìchē) 버스

☐ 长途车(chángtúchē) 장거리버스

☐ 游览车(yóulǎnchē) 관광버스

☐ 汽车(qìchē) 자동차

☐ 出租汽车(chūzūqìchē) 택시

☐ 救护车(jiùhùchē) 구급차

☐ 救火车(jiùhuǒchē) 소방차

☐ 自行车(zìxíngchē) 자전거

☐ 摩托车(mótuōchē) 오토바이

☐ 卡车(kǎchē) 트럭

☐ 电车(diànchē) 전차

☐ 地铁(dìtiě) 지하철

☐ 船(chuán) 배

☐ 货船(huòchuán) 화물선

☐ 客船(kèchuán) 여객선

☐ 港口(gǎngkǒu) 항구

☐ 飞机(fēijī) 비행기

☐ 机场(jīchǎng) 공항

☐ 火车(huǒchē) 기차

☐ 铁路(tiělù) 철도

☐ 客车(kèchē) 객차

■ 전화

☐ 电话(diànhuà) 전화

☐ 听筒(tīngtǒng) 수화기

☐ 号码盘(hàomǎpán) 다이얼

☐ 电话簿(diànhuàbù) 전화번호부

☐ 公用电话(gōngyòngdiànhuà)
　공중전화

☐ 电话亭(diànhuàtíng) 전화부스

- 电话局(diànhuàjú) 전화국
- 市内电话(shìnèidiànhuà) 시내전화
- 长途电话(chángtúdiànhuà) 장거리전화
- 国际电话(guójìdiànhuà) 국제전화
- 电报(diànbào) 전보
- 占线(zhànxiàn) 통화중

■ 우편

- 邮局(yóujú) 우체국
- 邮件(yóujiàn) 우편물
- 邮票(yóupiào) 우표
- 信纸(xìnzhǐ) 편지지
- 信封(xìnfēng) 편지봉투
- 明信片(míngxìnpiàn) 엽서
- 邮筒(yóutǒng) 우체통
- 邮政信箱(yóuzhèngxìnxiāng) 사서함
- 邮费(yóufèi) 우편요금
- 邮政编码(yóuzhèngbiānmǎ) 우편번호
- 平信(píngxìn) 보통우편
- 快邮(kuàiyóu) 빠른우편
- 挂号信(guàhàoxìn) 등기
- 包裹(bāoguǒ) 소포
- 收件人(shōujiànrén) 수신인
- 寄件人(jìjiànrén) 발신인

- 邮递员(yóudìyuán) 우편집배원
- 姓名(xìngmíng) 성명
- 地址(dìzhǐ) 주소

■ 공공시설

- 博物馆(bówùguǎn) 박물관
- 美术馆(měishùguǎn) 미술관
- 动物园(dòngwùyuán) 동물원
- 电影院(diànyǐngyuàn) 영화관
- 剧场(jùchǎng) 극장
- 百货公司(bǎihuògōngsī) 백화점
- 饭店(fàndiàn) 호텔
- 旅馆(lǚguǎn) 여관
- 食堂(shítáng) 식당
- 餐厅(cāntīng) 레스토랑
- 公园(gōngyuán) 공원
- 寺庙(sìmiào) 절
- 教堂(jiàotáng) 교회
- 图书馆(túshūguǎn) 도서관
- 城(chéng) 성
- 运动场(yùndòngchǎng) 운동장
- 体育馆(tǐyùguǎn) 체육관
- 礼堂(lǐtáng) 강당
- 游泳池(yóuyǒngchí) 수영장
- 夜总会(yèzǒnghuì) 나이트클럽
- 医院(yīyuàn) 병원

■ 조리법

- ☐ 煮(zhǔ) 삶다
- ☐ 炖(dùn) 약한 불로 삶다
- ☐ 炒(chǎo) 볶다
- ☐ 爆(bào) 강한 불로 빠르게 볶다
- ☐ 炸(zhà) 튀기다
- ☐ 烹(pēng) 기름에 볶아 조미료를 치다
- ☐ 煎(jiān) 기름을 빼고 볶다
- ☐ 烧(shāo) 가열하다
- ☐ 蒸(zhēng) 찌다
- ☐ 拌(bàn) 무치다
- ☐ 烤(kǎo) 굽다
- ☐ 砂锅(shāguō) 질냄비에 삶다
- ☐ 溜(liū) 양념장을 얹다
- ☐ 烩(huì) 삶아 양념장에 얹다

■ 식사

- ☐ 早饭(zǎofàn) 아침밥
- ☐ 午饭(wǔfàn) 점심밥
- ☐ 晚饭(wǎnfàn) 저녁밥
- ☐ 点心(diǎnxīn) 간식
- ☐ 小吃(xiǎochī) 스낵
- ☐ 菜肴(càiyáo) 요리, 반찬
- ☐ 餐(cān) 요리, 식사
- ☐ 点菜(diǎncài) (음식을) 주문하다
- ☐ 夜餐(yècān) 밤참, 야식

- ☐ 茶点(chádiǎn) 다과
- ☐ 摊子(tānzi) 노점
- ☐ 菜单(càidān) 식단, 메뉴
- ☐ 好吃(hǎochī) 맛있다
- ☐ 不好吃(bùhǎochī) 맛없다
- ☐ 口渴(kǒukě) 목이 마르다
- ☐ 香(xiāng) 향기롭다
- ☐ 甜(tián) 달다
- ☐ 苦(kǔ) 쓰다
- ☐ 淡(dàn) 싱겁다
- ☐ 咸(xián) 짜다
- ☐ 辣(là) 맵다
- ☐ 酸(suān) 시다
- ☐ 腥(xīng) 비리다

■ 곡류

- ☐ 大米(dàmǐ) 쌀
- ☐ 大麦(dàmài) 보리
- ☐ 小麦(xiǎomài) 밀
- ☐ 玉米(yùmǐ) 옥수수
- ☐ 大豆(dàdòu) 콩
- ☐ 花生米(huāshēngmǐ) 땅콩

■ 야채

- ☐ 蔬菜(shūcài) 야채
- ☐ 蔥(cōng) 파
- ☐ 洋蔥(yángcōng) 양파

- ☐ 蒜(suàn) 마늘
- ☐ 姜(jiāng) 생강
- ☐ 辣椒(làjiāo) 고추
- ☐ 茄子(qiézǐ) 가지
- ☐ 黄瓜(huángguā) 오이
- ☐ 南瓜(nánguā) 호박
- ☐ 菠菜(bōcài) 시금치
- ☐ 白菜(báicài) 배추
- ☐ 箩卜(luóbo) 무
- ☐ 土豆(tǔdòu) 감자
- ☐ 白薯(báishǔ) 고구마
- ☐ 豆芽儿(dòuyár) 콩나물

■ 과일

- ☐ 水果(shuǐguǒ) 과일
- ☐ 苹果(píngguǒ) 사과
- ☐ 梨子(lízi) 배
- ☐ 橙子(chéngzi) 오렌지
- ☐ 香蕉(xiāngjiāo) 바나나
- ☐ 桃(táo) 복숭아
- ☐ 西瓜(xīguā) 수박
- ☐ 甜瓜(tiánguā) 참외
- ☐ 杏(xìng) 살구
- ☐ 梅(méi) 매실
- ☐ 葡萄(pútáo) 포도
- ☐ 草莓(cǎoméi) 딸기

■ 육고기

- ☐ 牛肉(niúròu) 소고기
- ☐ 猪肉(zhūròu) 돼지고기
- ☐ 鸡肉(jīròu) 닭고기
- ☐ 羊肉(yángròu) 양고기
- ☐ 排骨(páigǔ) 갈비

■ 어패류

- ☐ 鱼(yú) 생선
- ☐ 金枪鱼(jīnqiāngyú) 참치
- ☐ 青鱼(qīngyú) 고등어
- ☐ 黄鱼(huángyú) 조기
- ☐ 虾(xiā) 새우
- ☐ 螃蟹(pángxiè) 게
- ☐ 鳗鱼(mányú) 뱀장어
- ☐ 贝(bèi) 조개
- ☐ 牡蛎(mǔlí) 굴

■ 조미료

- ☐ 味精(wèijīng) 조미료
- ☐ 酱油(jiàngyóu) 간장
- ☐ 酱(jiàng) 된장
- ☐ 盐(yán) 소금
- ☐ 糖(táng) 설탕
- ☐ 醋(cù) 식초
- ☐ 胡椒(hújiāo) 후추

☐ 芥末(jièmò) 겨자
☐ 生姜(shēngjiāng) 생강
☐ 辣椒(làjiāo) 고추

☐ 旅游鞋(lǚyóuxié) 스니커즈
☐ 长筒皮鞋(chángtǒngpíxié) 부츠
☐ 雨鞋(yǔxié) 장화

■ 의류

☐ 衣服(yīfú) 옷, 의복
☐ 西装(xīzhuāng) 양복
☐ 上衣(shàngyī) 상의
☐ 衬衫(chènshān) 와이셔츠
☐ 毛衣(máoyī) 스웨터
☐ 背心(bèixīn) 조끼
☐ 裙子(qúnzi) 스커트
☐ 裤子(kùzǐ) 바지
☐ 夹克(jiākè) 점퍼
☐ 汗衫(hánshān) 속옷, 내의
☐ 汗背心(hánbèixīn) 러닝셔츠
☐ 内裤(nèikù) 팬티
☐ 乳罩(rǔzhào) 브래지어
☐ 袜子(wàzi) 양말
☐ 帽子(màozǐ) 모자
☐ 领带(lǐngdài) 넥타이
☐ 皮鞋(píxié) 구두
☐ 高跟鞋(gāogēnxié) 하이힐
☐ 球鞋(qiúxié) 운동화
☐ 凉鞋(liángxié) 샌들
☐ 拖鞋(tuōxié) 슬리퍼

■ 날씨

☐ 天气(tiānqì) 날씨
☐ 太阳(tàiyáng) 태양
☐ 阳光(yángguāng) 햇빛
☐ 星星(xīngxing) 별
☐ 月亮(yuèliàng) 달
☐ 风(fēng) 바람
☐ 云(yún) 구름
☐ 露水(lùshuǐ) 이슬
☐ 霜(shuāng) 서리
☐ 雪(xuě) 눈
☐ 雨(yǔ) 비
☐ 虹(hóng) 무지개
☐ 毛毛雨(máomáoyǔ) 이슬비
☐ 阵雨(zhènyǔ) 소나기
☐ 梅雨(méiyǔ) 장마
☐ 闪电(shǎndiàn) 번개
☐ 雷(léi) 천둥
☐ 冰雹(bīngbáo) 우박
☐ 风暴(fēngbào) 폭풍
☐ 台风(táifēng) 태풍
☐ 洪水(hóngshuǐ) 홍수

□ 沙尘(shāchén) 황사
□ 红霓(hóngní) 무지개
□ 天气预报(tiānqìyùbào) 일기예보
□ 阴天(yīntiān) 흐림
□ 晴天(qíngtiān) 맑음
□ 冰(bīng) 얼다
□ 潮湿(cháoshī) 습하다
□ 干燥(gānzào) 건조하다
□ 冷(lěng) 춥다, 차다
□ 凉快(liángkuài) 시원하다
□ 暖和(nuǎnhuo) 따뜻하다
□ 热(rè) 덥다
□ 晴(qíng) 개다, 맑다
□ 雨季(yǔjì) 우기
□ 节期(jiéqī) 절기

■ 기후와 자연

□ 气候(qìhòu) 기후
□ 寒带(hándài) 한대
□ 温带(wēndài) 온대
□ 寒流(hánliú) 한류
□ 暖流(nuǎnliú) 난류
□ 温度(wēndù) 온도
□ 摄氏(shèshì) 섭씨
□ 零上(língshàng) 영상
□ 零下(língxià) 영하

□ 大陆(dàlù) 대륙
□ 海(haǐ) 바다
□ 海滨(haǐbīn) 해변
□ 河(hé) 강, 하천, 목
□ 岸(àn) 물가, 강변
□ 湖(hú) 호수
□ 池子(chízi) 못
□ 沟(gōu) 개천, 도랑
□ 山(shān) 산
□ 山谷(shāngǔ) 산골짜기
□ 山脚(shānjiǎo) 산기슭
□ 山坡(shānpō) 산비탈
□ 溪谷(xīgǔ) 계곡
□ 地(dì) 땅
□ 土地(tǔdì) 토지
□ 地面(dìmiàn) 지면, 지표
□ 草地(cǎodì) 초원
□ 森林(sēnlín) 삼림
□ 树林子(shùlínzi) 숲
□ 田地(tiándì) 논밭
□ 野外(yěwài) 야외
□ 风景(fēngjǐng) 풍경

■ 동물

□ 动物(dòngwù) 동물
□ 牲口(shēngkǒu) 가축

- 狗(gǒu) 개
- 貓(māo) 고양이
- 马(mǎ) 말
- 牛(niú) 소
- 猪(zhū) 돼지
- 鸡(jī) 닭
- 鸭子(yāzi) 오리
- 兔(tù) 토끼
- 羊(yáng) 양
- 山羊(shānyáng) 염소
- 狐(hú) 여우
- 狼(láng) 늑대
- 猴(hóu) 원숭이
- 鹿(lù) 사슴
- 虎(hū) 호랑이
- 狮子(shīzi) 사자
- 熊(xióng) 곰
- 熊貓(xióngmāo) 판다
- 象(xiàng) 코끼리
- 河马(hémǎ) 하마
- 鼠(shǔ) 쥐
- 蛇(shé) 뱀
- 鸟(niǎo) 새

■ 식물

- 植物(zhíwù) 식물

- 木(mù) 나무
- 花(huā) 꽃
- 草(cǎo) 풀
- 松树(sōngshù) 소나무
- 竹子(zhúzi) 대나무
- 菊花(júhuā) 국화
- 蘭草(láncǎo) 난
- 跟(gēn) 뿌리
- 秆子(gǎnzi) 줄기
- 茎(jīng) 가지
- 葉子(yèzi) 잎
- 芽(yá) 싹
- 树皮(shùpí) 나무껍질
- 花瓣(huābàn) 꽃잎
- 种子(zhǒngzǐ) 씨앗

■ 주거

- 房子(fángzǐ) 집
- 住宅(zhùzhái) 주택
- 公寓(gōngyù) 아파트
- 大樓(dàlóu) 빌딩
- 正门(zhèngmén) 현관
- 起居室(qǐjūshì) 거실
- 卧室(wòshì) 침실
- 客厅(kètīng) 응접실, 객실
- 餐厅(cāntīng) 부엌

- ☐ 洗脸间(xǐliǎnjiān) 세면장
- ☐ 厕所(cèsuǒ) 화장실
- ☐ 洗澡间(xǐzǎojiān) 욕실
- ☐ 樓上(lóushàng) 위층
- ☐ 樓下(lóuxià) 아래층
- ☐ 走廊(zǒuláng) 복도
- ☐ 樓梯(lóutī) 계단
- ☐ 电梯(diàntī) 엘리베이터
- ☐ 窗户(chuānghù) 창문

■ 식기

- ☐ 餐具(cānjù) 식기
- ☐ 碗(wǎn) 그릇
- ☐ 盘子(pánzi) 쟁반
- ☐ 碟子(diézi) 접시
- ☐ 筷子(kuàizǐ) 젓가락
- ☐ 匙子(chízi) 숟가락
- ☐ 勺子(sháozi) 국자
- ☐ 餐刀(cāndāo) 부엌칼
- ☐ 菜刀(càidāo) 요리용 칼
- ☐ 菜板(càibǎn) 도마
- ☐ 茶杯(chábēi) 찻잔
- ☐ 锅(guō) 냄비

■ 가구와 침구

- ☐ 家具(jiājù) 가구
- ☐ 桌子(zhuōzi) 탁자

- ☐ 椅子(yǐzi) 의자
- ☐ 沙发(shāfā) 소파
- ☐ 床(chuáng) 침대
- ☐ 被子(bèizi) 이불
- ☐ 褥子(rùzi) 요
- ☐ 枕头(zhěntóu) 베개

■ 생활용품

- ☐ 牙刷(yáshuā) 칫솔
- ☐ 牙膏(yágāo) 치약
- ☐ 肥皂(féizào) 비누
- ☐ 香皂(xiāngzào) 세숫비누
- ☐ 洗衣粉(xǐyīfěn) 세제
- ☐ 镜子(jìngzi) 거울
- ☐ 梳子(shūzi) 빗
- ☐ 剪刀(jiǎndāo) 가위
- ☐ 指甲刀(zhǐjiǎdāo) 손톱깎이
- ☐ 雨伞(yǔsǎn) 우산
- ☐ 钱包(qiánbāo) 지갑
- ☐ 钥匙(yàochí) 열쇠
- ☐ 钟表(zhōngbiǎo) 시계
- ☐ 眼镜(yǎnjìng) 안경
- ☐ 火柴(huǒchái) 성냥
- ☐ 大火机(dàhuǒjī) 라이터